Das Ziel von uns allen
muss nicht eine perfekte,
sondern eine deutlich
menschlichere Welt sein.

Herstellung und Verlag
BoD - Books on Demand,
Norderstedt, www.bod.de
ISBN 978-3-7568-8786-6

Erstfassung 2020

Zukunft braucht Courage

Abwarten bringt uns nicht weiter!

von

Michael Johanni

Menschenrechtsaktivist, Autor
und Gründer

2022

Fortschritt ist nur dort,

wo dieser tatsächlich

der Menschlichkeit

entspricht.

Inhalt

Sobald wir uns weder überschätzen
noch unterschätzen, bleibt genug Platz
für Menschlichkeit und Authentizität.

Prolog

Liebe Leserin, lieber Leser,

je länger ich Teil unserer Erde bin, auf ihr leben darf, desto mehr wird mir bewusst, dass es in dieser Welt wunderschön sein kann.
Gerade deshalb fällt es mir sehr schwer, miterleben zu müssen – und dies fast täglich – was zwischen uns Menschen tatsächlich vor sich geht.

Regelmäßig können wir mitverfolgen – über die verschiedenen Fernseh- und Rundfunksender oder auch im eigenen Umfeld – in welchem bedrückenden Teufelskreis wir uns alle befinden.
Dabei werden zahlreiche Informationen von einigen Nachrichtensendern erst gar nicht weitergegeben oder zugunsten der sogenannten *Systemrelevanz* entsprechend geformt.

Was geschieht auf diesem Planeten, der für uns doch eigentlich alles bereithält? Warum gibt es weltweit nach wie vor sehr viel Kummer und Leid?
Der wesentlichste Grund liegt darin, dass manche Menschen und Gruppen, die in Führungspositionen sitzen – an welcher Stelle auch immer – regelmäßig einseitige, folgenschwere Entscheidungen fällen.

Bereits vor einigen Jahrtausenden fing es an – das willkürliche Unterdrücken der Bevölkerungen.

Wahrheitsverzerrung, Ausgrenzung, Unterwerfung und Gewalt ließen in der Mitte des Volkes menschenfremde Lebensräume entstehen.

Mit meist perfiden, gemeinschaftsentzweienden Strategien gelang es den jeweils selbsternannten Gewaltherrschern große Teile der Erdbevölkerung in Angst und Schrecken zu versetzen, um damit ein weitreichendes Kontrollsystem zu schaffen.

Und wer in einem solchen Umfeld heranwuchs, der wurde gleichzeitig dazu erzogen, ob nun bewusst oder unbewusst, den natürlichen Wert anderer Menschen nicht genug zu schätzen. Diese Widersinnigkeit dehnte sich mehr und mehr aus.

Die Folgen solcher Entwertung menschlicher Besonderheiten führten und führen dazu, dass wir in einer zerrissenen Welt leben.

Wir sollten verstehen lernen, dass alles miteinander zusammenhängt.

Diese Tatsache darf nicht als eine reine Metapher eingestuft werden – sie ist viel mehr eine notwendige Erkenntnis, die dazu motivieren sollte, an einer deutlichen Verbesserung der Gesellschaftsverhältnisse zu arbeiten.

Der zynische wie auch ungerechte Umgang mit den Bürgern hat Vorbildwirkung auf Führungsgruppen anderer Nationen.

Damit fällt es den jeweils Hauptverantwortlichen in Ländern, in denen Grundbedürfnisse und Menschenrechte noch stärker unterdrückt werden als hierzulande, nicht schwer, ihre bürgereinschränkenden Gesetze und Entscheidungen aufrechtzuerhalten – jedenfalls bisher.

> Es ist zu jeder Zeit sinnvoll, beharrlich für eine
> wirklich menschliche Gesellschaft einzutreten.

So lasst uns doch endlich damit beginnen, den wahren Ursachen für Sorgen und Würdeverletzungen genauer ins Gesicht zu blicken. Hören wir damit auf, die Wahrheit zu verdrängen – denn jeder unter uns hat schließlich nur *ein* Leben.

Mir geht es um eine illusionsfreie Bewusstheit gegenüber mir selbst, und insbesondere bezüglich der not- und leidverursachenden Vorgänge um uns herum.
Aufgrund dieser Gedanken und nicht minder durch das regelmäßige Schreiben, verspürte ich den inneren Drang, den Verein ...mensch bleib Mensch! zu gründen.
Unser Denken wie auch die Gestaltung unserer vielseitigen Aktivitäten beruhen auf der Grundlage, dass wir alle Teil der Spezies Mensch sind und jeder von uns im Moment seiner Geburt mit derselben grundbedürfnisorientierten Natur/ Veranlagung ausgestattet ist.

> Mit den nachfolgenden Schriften leiste
> ich meinen Beitrag zu einer längst über-
> fälligen, deutlich menschlicheren Gesell-
> schaft.

Unzufriedenheit
macht „blind und taub"

Sobald du die wahren Ursachen für deine Unzufriedenheit herausfindest und dich für sinnvollere Wege entscheidest, kann die Unzufriedenheit dein Leben nicht mehr bestimmen.

Viel mehr wird sich dein Blick für das Wesentliche erweitern, sodass es dir leichter fällt, deinen Mitbürgern mit schlichter Menschlichkeit zu begegnen.

... und die Kinder sind
mitten drin

Ich liebe Kinder. Es gibt kaum etwas Schöneres, als von einem Kind angelacht zu werden und dabei in seine Augen zu schauen, die verzaubern. Der fröhliche Gesichtsausdruck, sobald Kinder sich wohl fühlen, erinnert mich jedes Mal aufs Neue daran, mit welch wunderbarer Natur wir Menschen ausgestattet sind.

Doch bevor wir in solche Kinderaugen blicken dürfen, geschieht etwas ganz Besonderes.
Zwei Menschen kommen sich sehr nahe. Die Begierde steigert sich zur Lust, die in ihnen eine brennende Leidenschaft entfacht – mit dem Wunsch – sich auf innigste Weise vereinen zu wollen.
Im Moment der tiefsten Empfindungen verschmelzen zwei warme Körper so intensiv miteinander, dass sich dabei lebensspendende Energie auf den Weg macht, um neues Leben hervorzubringen.
Ein menschlicher Same lässt sich dort nieder, wo die Natur das „Blumenbeet" bereithält, auf dem das Fortbestehen unserer Spezies erneut gedeiht.
Im Schoße einer Frau wächst neue, menschliche Zukunft heran. Ein Kind entsteht – ja, ein Kind. Es scheint, als wäre es ein Wunder. Doch sein Entwickeln ist ein natürlicher und gleichsam faszinierender Prozess.

Im Schutze der mütterlichen Körperwärme wartet ein neues Menschenleben darauf, sich in unsere Mitte zu begeben.

Wir, die es kaum erwarten können dieses kleine und sensible Geschöpf zu empfangen, sind voller Ungeduld.

Endlich – es ist überstanden. Auch die Schmerzen, die einer Frau bei der Geburt ihres Kindes fast den Verstand rauben, sind größtenteils vergessen.

Ein Kind wurde geboren!

Da ist es nun, dieses zarte Menschlein aus Fleisch und Blut. Es schreit seine Ankunft in diese Welt lauthals hinaus.

Glücksgefühle steigen in uns hoch. Gibt es für eine Mutter und einen Vater ein größeres Geschenk?

Die Freude darüber ist wahrhaftig. Der gute Wille, das Beste für das Kind zu tun, ist zu diesem Zeitpunkt wohl kaum zu übertreffen.

Was nehmen wir Eltern uns nicht alles vor. Es scheint, als hätten wir Flügel bekommen.

Der erste Arztbesuch ist nötig – alles gut, das Kind entwickelt sich ohne gesundheitliche Einschränkungen.

Einige Tage später, in der Nacht – der kleine Goldschatz hat Fieber bekommen und kann nicht schlafen. Hoffentlich ist es nichts Schlimmes. Die Mutter ist ganz aufgeregt, der Vater versucht sie zu beruhigen.

Am frühen Morgen kommt der Hausarzt – dem Kind geht es besser, es hat kaum noch Fieber. Erleichterung macht sich breit.

So vergehen die ersten Jahre wie im Flug. Und dann ist es soweit – das Kind hat das Alter erreicht, um den Kindergarten besuchen zu können.

Ob sich die Eltern darüber freuen? Nicht leicht zu beschreiben. Es ist ein Abschied – ein erster Abschied, der gemischte Gefühle auslöst. Das Loslassen nimmt spürbare Formen an ...

Wir übergeben unsere Kinder vertrauensvoll anderen Menschen, die nun für einige Stunden am Tage die Verantwortung für die Liebsten übernehmen. Gleichzeitig setzen wir sie erstmalig einer stärkeren, äußeren Beeinflussung aus – ein Teil des Heranwachsens und Chance, die Gemeinschaft als wichtig und freudebringend zu erleben.

Zu schön, um wahr zu sein. Denn spätestens ab hier drängen sich die ersten fragwürdigen Normen in das noch junge Leben hinein.

Kinder sind etwas Wunderbares

Unerwartete Ereignisse verhindern manchmal, dass eigene Kinder das Leben bereichern – wie zum Beispiel ein Unfall. Außerdem können natürliche Prozesse im Körper die Zeugungsmöglichkeit blockieren.

Es gibt auch Menschen, die keine Verantwortung für eigene Kinder übernehmen wollen, obgleich es ihnen in jeder Hinsicht möglich wäre.

Manche unter uns hatten nicht das Glück, der richtigen Partnerin oder dem passenden Partner zu begegnen, um sich vertrauensvoll für ein Kind zu entscheiden.

Meine Gedanken sind gleichsam bei Kindern, deren geistige Fähigkeiten nur teilweise entwickelt sind, weil es eine Krankheit nicht anders zulässt.

Und genau so berührt es mich, wenn Kinder ihre Gliedmaßen nur bedingt bewegen können.

Einige müssen bereits von Geburt an damit zurecht kommen, dass ihnen ein Körperteil fehlt. Manche verlieren während ihrer Kindheit einen Arm oder ein Bein, andere gar ihr Augenlicht oder das Gehör.

Nicht wenige Kinder erkranken an Krebs – beispielsweise aufgrund von radioaktiver Strahlung, die von Kernkraftwerken entweicht, oder durch chemische Substanzen, die von der Mutter ganz unbewusst über die Nahrung oder bedenklichen Medikamenten aufgenommen wurden.

Unseren Mitmenschen, welche die besondere Verantwortung übernahmen, diesen Kindern Liebe zu schenken, sie mit Hingabe und ganzer Energie zu umsorgen, soll an dieser Stelle und auch sonst bei allen Gelegenheiten, der größte Respekt entgegengebracht werden!

Kinder sind etwas Wunderbares. Ihre Reinheit ist nahezu vollendet. Ihre Offenheit kennt kaum Grenzen und ihr Vertrauen ist bedingungslos.

Da es Menschen gibt, die das vergessen, sollten wir nicht müde werden, auf diese überaus positiven Eigenschaften regelmäßig aufmerksam zu machen.

Wir alle brauchen Kinder.

Sobald uns ein Kind anlacht, vermuten wir dabei nicht, wie es leider hin und wieder bei Erwachsenen geschieht, dass sich hinter dem Lachen womöglich etwas Negatives verbirgt. Wir nehmen das Lachen des Kindes so an, wie es ist. In solch einem Moment verspüren wir Freude und Harmonie.

Wenn uns ein Kind am Ärmel zupft, reagieren wir in der Regel aufmerksam und feinfühlig, weil sie auch ein gewisses Maß an Schutzbedürftigkeit mit sich tragen.
Nicht anders erleben wir die Anerkennung, die wir dabei selbst erhalten.
Ja, Kinder sind etwas Besonderes, weil sie uns Erwachsenen das Gefühl vermitteln, gebraucht zu werden – so, wie sie uns brauchen.

Selbst für uns Große ist das Spielen der Kinder etwas Aufregendes. Zu beobachten, wie sie sich vorbehaltlos einer Sache widmen – beispielsweise beim Versuch, Gegenstände zu ertasten oder zusammenzufügen – erfüllt uns mit Glückseligkeit. Wir nehmen einen Hauch von Sehnsucht wahr. Instinktiv erkennen wir, dass uns die Leichtigkeit des Seins in der Regel nicht zugestanden, schlicht nicht gegönnt wird, oder wir – durch diese Missgunst verursacht – nicht mehr fähig sind, sie zu schätzen.

Es ist aufrüttelnd, dabei zu sein, wenn Kinder ihrer natürlichen Neugierde nachgehen. Ja, das ist es, und sobald wir es geschehen lassen, können auch wir dabei für einige Momente abtauchen – in die Welt der Unbefangenheit.
Das Beachten der Neugierde sollte allerdings nicht dazu verleiten, Computerspiele als etwas Besonderes einzustufen. Der Großteil dieser Phantasieprogramme trägt nichts zu einer sinnvollen Bildung bei, im Gegenteil.

Kinder zu erleben ist ein Stück Lebensfreude, die bereichert. Das können wir auch dann feststellen, sobald zwei oder mehrere gemeinsam spielen.

Ob es sich um Geschwister oder die Nachbarskinder handelt, die zu Besuch kommen – in jedem Fall ist für Stimmung gesorgt.

Jetzt ist Leben in der Bude, und die überschäumende Energie unserer Lieben stellt das eine oder andere auf den Kopf.

Sicherlich hast du schon einmal ein Kind beim Essen beobachtet. Ein Kind, beispielsweise im Alter von neun bis zehn Jahren, das von seiner Mutter oder seinem Vater eine wohlschmeckende, nahrhafte Mahlzeit zubereitet bekommt, ist während des Essens wunderbar anzusehen. Auch in diesen Augenblicken erkennen wir seine Wahrhaftigkeit. Die Außenwelt wird kaum noch realisiert und die Augen konzentrieren sich intensiv auf das, was auf dem Teller liegt. Und wenn sich das Kind die bekömmlichen Speisen zum Munde führt, siehst du direkt vor dir, was Vertrauen bedeutet. Diese Lust am Essen ist frei von negativen Gedanken und zudem mit einer Hingabe beflügelt, die unser Herz zutiefst berührt.

Am Abend, wenn sich unsere Kinder in ihr warmes Bett kuscheln, sie voller Liebreiz strahlen, weil sie sich einfach nur wohl und geborgen fühlen, dürfen wir Eltern auch hierbei jene Glücksmomente erfahren, die das Leben wirklich lebenswert machen.

Wurdest du schon einmal von einem Kind gefragt, woher der Regen kommt? Oder kannst du dich vielleicht daran erinnern, dass auch du als Kind deine Mutter oder deinen Vater danach gefragt hast?

Diese einfache Frage, mit dem Munde eines Kindes gesprochen, klingt doch fast wie ein Halleluja, nicht wahr?

Wenn du dabei aufmerksam bist, deinem Kind ins Gesicht schaust, dann siehst du die ganze Wahrheit – und nichts als die Wahrheit.

Mit einem einzigen Satz kannst du die Reinheit unserer Kinder spüren. Dabei ist es nur die Einfachheit, die diesen Vorgang so bemerkenswert macht.

Die wertvollen Potentiale unserer Kinder

Da zanken sich zwei Kinder, die beide gerade das fünfte Lebensjahr erreichten, wegen eines Spielzeugs, das nur einmal vorhanden ist. Beide wollen es für sich beanspruchen, zumindest für eine gewisse Zeit.

Diese Situation ist als Beispiel besonders wichtig, weil das beschriebene Verhalten meist falsch interpretiert wird.

Vordergründig geht es dabei um die Annahme, dass sich bereits kleine Kinder immer wieder ernsthaft streiten, was beweisen soll, dass es schon in der Natur des Menschen läge, sich aufgrund von Egoismus des Öfteren nicht zu verstehen, sich zu schlagen und letztlich Kriege zu führen.

Nein, solche negativen Verhaltensweisen bringen wir Menschen bei unserer Geburt keineswegs mit in diese Welt.

Ein Kind, nehmen wir einmal an, es ist in einem Alter von vier bis fünf Jahren, wird niemals einen Zank beginnen hinter dem wirklich missgünstige Gedanken oder nur purer Egoismus stecken.

Der schlichte, natürliche Selbsterhaltungstrieb ist es, der Kinder dazu veranlasst, zu reagieren, sobald sie etwas nicht gleich verstehen. Sie können ihren inneren Antrieb nur schwer kontrollieren, obwohl sie bereits mit einer gewissen Portion Intelligenz ausgestattet sind. So kommt die Natur des Kleinkindes vor allem durch Spontanität zum Ausdruck. Seine Reaktionen erinnern an das Verhalten von Tieren, die durch ihre Instinkte gelenkt werden.

Böswillige Absichten dürfen wir Kindern in keinem Fall unterstellen. Hinter dem Wort *böswillig* verbirgt sich der Wille, einen anderen Menschen, ein anderes Kind, absichtlich zu vernachlässigen oder ihm Schaden zuzufügen. Solch niedere Beweggründe darf man in ein Kind nicht hineininterpretieren. Derartige Verhaltensmuster sollten wir stattdessen an anderer Stelle entdecken – dort, wo diese bereits seit längerer Zeit ganz selbstverständlich praktische Anwendung finden.

Ein Spielgegenstand in der Hand eines anderen Kindes löst ein natürliches Reagieren aus, welches danach strebt, ein Gleichgewicht herzustellen – nämlich, auf gleicher Stufe mit seinem Mitsprößling zu sein. Es ist daher nicht übertrieben, wenn wir für zwei Kinder auch zwei gleiche Spielzeuge zur Verfügung stellen.

Die Natur hat uns Menschen mit der starken Eigenschaft der Selbsterhaltung ausgestattet – das ist unübersehbar.

Das Herumtoben, Wetteifern oder das spontane Gezanke mit anderen Kindern ist deshalb nicht mehr als ein Aneinanderreiben sprudelnder, körpereigener Energien und das gegenseitige Werben um Aufmerksamkeit.

Vor allem Eltern können beim Beobachten sehr gut feststellen, dass kleine Kinder direkt nach einer Rauferei wieder ganz normal miteinander weiterspielen, als sei nie etwas gewesen.

Und dann ist da noch die Musik. Die natürlichen, musikalischen Begabungen vieler Kinder werden kaum ernst genommen.

Die Tatsache, dass jeder Mensch bereits bei seiner Geburt sensible Grundlagen für die Wahrnehmung und Unterscheidung von Tönen und Klängen in sich hat, wird mehr oder weniger zur Seite geschoben. Doch diese unumstößliche Gegebenheit darf nicht einfach ignoriert werden – nein, sie muss Motivation genug sein, um jedes Kind grundsätzlich zu fördern.

Denn für Kinder ist Musik etwas ganz Außergewöhnliches. Ihr sehr feines Gehör ist äußerst empfänglich für jede Art Schwingungen. Dabei wirken harmonische Melodien am eindringlichsten, weil wir, die Spezies Mensch, harmoniebedürftige Naturwesen sind.

Kleinkinder geben sich regelrecht hin, sobald sie sanfte, gleichmäßige Töne hören.

Ohne jeden Zweifel – Lieder und Melodien sind für Kinder eine Brücke zur Natur. Es ist die Unverbrauchtheit ihrer Sinne und das direkte Wahrnehmen der Grundbedürfnisse, die sie an der Musik so unmittelbar teilnehmen lassen.

In der Schule geht die Feinsinnigkeit unserer Kinder mit dem täglichen Druck von oben, den vorgegebenen Unterrichtsstoff in der vorbestimmten Zeit durchzubringen, in aller Regel unter.

Dies zeigt sich auch an der Größe der Klassen, die nach wie vor aus zu vielen Schülerinnen und Schülern bestehen. Eine Schulklasse sollte mit maximal 15 Kindern besetzt sein.

Auf die nachhaltige Förderung des Gemeinschaftssinns wird in den Schulen ebenfalls kaum Rücksicht genommen, weil eine wirkliche, verbindende Gemeinschaft nicht gewollt ist. Um letzteres „zu gewährleisten", gibt es fortlaufende Kontrollen jeder Art ...

Vor allem der Unterrichtstoff unterliegt dieser Zensur.

Mit ihren bereits lange bestehenden Beziehungen zueinander achten diese bürgerfernen System- und Karriereverfechter pedantisch darauf, dass wir Bürger nicht zu einer wirklich menschlichen, verbindlichen Einheit zusammenwachsen.

Die stetige „Spaltung" unserer Gesellschaft lässt sich auch an der hierarchischen Schulordnung und der strikten Trennung von Grundschule, Mittelschule (Hauptschule), Realschule und Gymnasium erkennen.

Sinnvoller wäre, wenn Grund-, Mittel- und Realschule zusammengefasst eine Schulgemeinschaft bilden.

Passend dazu braucht es endlich einen viel effektiveren Unterrichtsstoff, der zielweisend für eine verbindliche Gesellschaft und vor allem für ein Leben in Würde steht.

Die Form der Gymnasien muss „entstaubt" werden. Sie ist nach elitären Grundsätzen aufgebaut, die gegenüber den anderen Schulen und der Bevölkerung einen distanzierenden Charakter verkörpern. Dieser Umstand ist gesellschaftsschädigend.

Zum Leidwesen der Kinder und Jugendlichen wird die menschliche und schulische Bildung von den Anforderungen abhängig gemacht, die Berufspolitiker, Wirtschaftsführer und einige Wissenschaftler stellen ...

Sie verlangen von den Schülerinnen und Schülern mehr und mehr Höchstleistungen, damit diese später immer wieder zum Beispiel neue, oft überflüssige Technologien herstellen und verkaufen können. Das Ziel dieser Strategie ist klar: Neue Techniken versprechen einigen Personenkreisen Einflussmöglichkeiten und Prestige – selbst dann, wenn ein nicht geringer Teil davon für uns Bürger unter dem Strich nur Nachteile bringt.

Denken wir dabei an die sogenannte „künstliche Intelligenz" – zum Beispiel an Computerstimmen, sobald wir manche Firmen und Stadtverwaltungen anrufen, oder an Roboter, die sogar bei der Pflege von Menschen eingesetzt werden sollen. Derartige Techniken minimieren den Kontakt zu Mitmenschen oder unterbinden ihn völlig.

Gleichzeitig wird in diesem Zusammenhang das Konsumverhalten auf Trab gehalten, um nur für Wenige Privilegien und Gewinne zu sichern und zu vergrößern.

Die damit einhergehende, willkürliche Fremdsteuerung der Kinder – beginnend schon in den Schulen – bleibt für viele Eltern nach wie vor unentdeckt, weil sie sich mit dem üblichen Gesellschaftsprozedere längst abfanden.

Es ist demnach höchste Zeit, ernsthafter darüber nachzudenken, welches Wissen für uns Menschen tatsächlich nötig ist und welches nur dazu dient, die allgegenwärtige Scheinwelt mit ihren Nachteilen aufrechtzuerhalten.

Zu diesen müssen wir das Zelebrieren vieler Normen, das Denken in Gesellschaftsschichten und das Vorbeileben an wichtigen Grundbedürfnissen zählen.

Es muss zu den ersten Prioritäten gehören, bereits mit Schulbeginn die ersten Lernstunden für andere Sprachen abzuhalten. Vor allem Englisch sollte gleich zu Anfang – nicht erst ab dem vierten oder fünften Schuljahr – gelehrt werden.

Der Kontakt zu Menschen, die eine andere Sprache sprechen,

wird damit mittel- und langfristig intensiviert, wodurch wir ingesamt einer friedlicheren, menschlicheren Welt ein großes Stück näher kommen.

Sorgen wie auch Leid in der Welt würden dadurch verringert. Für dieses Ziel sollte sich jeder von uns einsetzen.

Außerdem ist es unabdingbar, der jungen Generation allem voran moralisches Wissen nahezubringen. Unsere Grundbedürfnisse, deren genaue Bedeutung und die damit einhergehenden Auswirkungen auf das gesamte Leben, müssen im Gedankengut der Kinder einen wichtigen Platz einnehmen.

Die meisten Schülerinnen und Schüler werden in den Schulen – gerade in den ersten sechs bis sieben Jahren – nicht richtig gefördert. Der vorgegebene Unterrichtsstoff basiert größtenteils auf den bisher üblichen Vorgaben und viel zu wenig auf den wahren, persönlichen Möglichkeiten.

Ein wesentlicher Teil des Lehrstoffes will bereits unsere Kinder auf das gewöhnliche Politik- und Wirtschaftsprozedere „programmieren".

Für die Gesellschaft ganz allgemein und demzufolge für die Bürger, hat diese machtorientierte Einseitigkeit immer wieder fatale Folgen!

Eine Welt in Frieden und Gerechtigkeit, in der die Völker, nicht nur ein kleiner Teil davon, in Würde leben können, braucht Führungspersönlichkeiten mit gesundem Menschenverstand und Mitgefühl.

Leider ist feststellbar, dass das Lernpotential zahlreicher Kinder auch hinsichtlich künstlerischer Ausdrucksmöglichkeiten – wie das Malen oder den Gesang – vernachlässigt wird. In der Regel werden bislang nur Einzelne in einer Klasse stärker gefördert. Die Schülerin oder der Schüler erhält die besondere Aufmerksamkeit der jeweiligen Lehrkraft. Diese Hinwendung muss jedoch allen Kindern und Jugendlichen zugute kommen – und dafür müssen die Verantwortlichen endlich die Voraussetzungen schaffen!

Wir dürfen uns nicht immer einreden lassen, dass nur sehr Wenige ganz besondere Begabungen mit sich tragen – dies stimmt einfach nicht.
Jeder Mensch hat Stärken, die der Förderung bedürfen.
Ein riesiges Potential an natürlichen Veranlagungen, die in sehr vielen Bürgern schlummern, wird überhaupt nicht entdeckt oder beachtet – es verkümmert, obwohl diese „schlafenden" Energien für uns alle von großem Nutzen wären.
Zuerst liegt es am mangelnden Willen, den Bürgern auf nachhaltige Weise unterstützend zur Seite zu stehen.
Auch hierbei sind die allgemeinen Prioritäten grundsätzlich falsch gesetzt! Deshalb benötigen wir eine Schulordnung, die Kinder tatsächlich in den Mittelpunkt stellt und nicht in erster Linie darauf abzielt, maßgeschneiderte Marionetten hervorzubringen, die nur angepasst durch das Leben schlendern.
Wir müssen uns stets bewusst sein, dass Kinder unser Dasein und die Welt bereichern.
Geben wir ihnen in allen Situationen die Wertschätzung, die sie brauchen, um richtig aufzublühen. Lassen wir sie einfach Kinder sein und leben wir ihnen nur das vor, was sie für eine aufrichtige und würdevolle Lebensreise wirklich benötigen.

… und dennoch müssen viele Kinder leiden!

Unsere sehr verworrene Welt – erzeugt durch das Denken und Entscheiden hauptverantwortlicher Berufspolitiker, einigen Konzernchefs und einigen Wissenschaftlern – macht sehr viele Kinder zu Opfern.
Kinder, die in ihrer Vorbehaltlosigkeit den Moment leben, betreten eine Welt, die kaum Rücksicht auf die wichtigen Grundbedürfnisse nimmt.
Demzufolge müssen sie für das geradestehen, was bereits Generationen zuvor immer wieder falsch machten. Da ist der Vater, der während der Verrichtung einer Aufgabe in der Firma seine Meinung kaum frei äußern kann. Tut er es dennoch, muss er mit Tadel und Ausgrenzung rechnen.
Dieser Vater – und es gibt viele in dieser Lebenslage – wird zu Hause wohl nur beschwerlich ein ausgeglichenes Verhalten an den Tag legen können. In der Regel gibt er die Schmach, die er täglich über sich ergehen lässt, unbewusst zuerst an die Menschen weiter, mit denen er zusammenlebt. Das heißt gleichzeitig, dass Kinder auf die eine oder andere Weise unbeabsichtigt zu spüren bekommen, was der Vater mit sich herumträgt.

> Für zufriedene Kinder braucht es zuerst zufriedene Eltern.
> Für zufriedene Eltern braucht es vor allem ein wirklich ehrliches Miteinander und ein ausgewogenes Gesellschaftsgefüge.

Ähnlich ist es mit der Entlohnung von Arbeit, die Bürger ausführen. Viele erhalten nicht den Lohn, der für ein Leben in Würde gebraucht wird. Oft reicht es gerade für das Allernötigste – manchmal nicht einmal dafür.
In den eigenen vier Wänden dreht sich deshalb fast alles um das Geld, das nicht vorhanden ist.
Es entstehen Spannungen, die sich in hitzigen Diskussionen entladen – und die Kinder sind mittendrin ...
Nur in sehr wenigen Fällen ist der Geldmangel in Familien darauf zurückzuführen, dass die betroffenen Bürger leichtsinnig mit Geld umgehen.
Immer wieder liegt es daran, dass die zahlreichen „Falltüren", die mit dem bestehenden, schädlichen Geldsystem geschaffen wurden, nicht erkannt werden.
Dort, wo schlicht zu wenig Einkommen vorhanden ist, kann selbst das Rechengenie kaum noch etwas hervorzaubern.
Und warum überhaupt soll es auch nur ansatzweise in Ordnung sein, dass Bürger ständig damit konfrontiert sind, irgendwie über die Runden zu kommen?
An die Kinder wird oftmals zuletzt gedacht. Sie befinden sich jedoch mitten drin – zwischen all der Not und den Ungerechtigkeiten.

Während viele Millionen Bürger in Deutschland und in der Welt um das tägliche Dasein ringen, bauten und bauen einzelne Menschengruppen, die sich über ihre Mitbürger erhoben und erheben, stets „Mauern" um sich herum.
Diese Barrieren dienen ausschließlich zum Selbstschutz und dafür, Privilegien und Macht möglichst widerspruchslos erweitern zu können.
Als Mauern müssen wir zum Beispiel den sogenannten Adels-

stand mit seinen üppigen Zeremonien bezeichnen, genauso die Art der Verwaltungs- und Regierungsstrukturen, das Beamten- und Steuersystem, einen nicht geringen Teil der Unternehmerphilosophien und das gesamte Prozedere um den Vatikan.

Auch bestimmte Höflichkeitsfloskeln sollten wir letztlich als Mauern bewerten, weil sie ein wirkliches Miteinander verhindern.

Die Anrede -Sie- beispielsweise, wird in erster Linie deshalb so hartnäckig aufrecht erhalten, um den völlig unausgewogenen Gesellschaftsstrukturen „Seitenschutz" zu geben. Völlig unnötig wird alleine damit befremdliche Distanz zueinander künstlich erhalten.

Diese Barrieren dienen ausschließlich zum Selbstschutz und dafür, Privilegien und Macht möglichst widerspruchslos erweitern zu können.

Doch tief im Innersten vieler Bürger lehnt sich die Natur auf, die nach Freiheit ruft, aber bisher meist ungehört bleibt, schließlich in zahlreichen Fällen ganz verstummt.

Das abgedunkelte Ich sucht nach schlichter Menschlichkeit – und unsere Kinder sind mittendrin.

So werden die lieben Sprösslinge in normengerechte Prinzipien gepresst, die früher schon ihre Eltern auferlegt bekamen. Mit sinnvoller Autorität oder Erziehung hat dies wenig zu tun. Starre Verhaltensmuster werden praktisch eins zu eins an unsere jungen Erdenbürger weitergegeben, viel mehr noch, man zerschmettert das natürliche Vertrauen in das Gute und bringt junge Menschen in kleinen, sicheren Schritten dazu, Geradlinigkeit als störend zu empfinden.

Wenn es gut für dich läuft, siehst du deine Tochter an deiner Seite heranwachsen – und während sie in der Blütezeit ihrer Jugend ankommt, begreift sie scheibchenweise, dass sie sich in einer Welt befindet, die mindestens in zwei Lager aufgeteilt ist.

Damit einhergehend muss deine Tochter unnötige, einengende Regeln und Gesetze über sich ergehen lassen, die ihr das Leben erschweren, nicht erleichtern.

Vielleicht gerät eines deiner Kinder, aus welchen Gründen auch immer, in die sogenannte Schuldenfalle – muss eventuell das Verfahren einer Privatinsolvenz auf sich nehmen und sich von allen Seiten regelrecht in die Taschen greifen lassen. Oder, dein Sohn wird von Vorgesetzten in einer Firma oder in der Bundeswehr immer wieder schlecht behandelt, weil er nicht zu allem Ja und Amen sagt ...

Wurde dein wertvolles Kind dazu geboren?

Nein – kein Kind wurde und wird dazu geboren

Kinder und Jugendliche sollten der Spiegel einer aufrichtigen, menschlichen Gemeinschaft sein.
Damit sie genau dazu heranwachsen, brauchen sie wahrhaftige Vorbilder, die ihnen jeden Tag aufs Neue wahre Menschlichkeit vorleben.
Kinder bedeuten Hoffnung und Leben!
Durch sie haben wir die Chance, Wahrheit als wichtigen Inhalt des Daseins zu begreifen.
Dieses besondere Gut müssen wir den Kindern lassen, sodass sie mit zunehmender Reife die Wahrheit in die Welt hinaustragen – im Sinne einer gerechten und deutlich menschlicheren Zukunft.

Kinder bleiben nicht verschont

Es gibt kaum etwas Schlimmeres, als zu erfahren, dass ein Kind einem Gewaltverbrechen zum Opfer fiel.
Was wurde dem Kind angetan?
Welche Ängste musste das Kind ertragen?
Für die betroffenen Eltern ein Schmerz, der so tief geht, dass er mit Worten kaum zu beschreiben ist.

Leider kennen wir auch Fälle, in denen die Eltern selbst Gewalt an ihren Kindern ausübten.
Unser Verstand scheint zu versagen – bei der quälenden Frage nach dem Warum.
Wie viele Kinder müssen denn noch dafür bezahlen, dass wir in einer Welt leben, in der es inzwischen (2022) nur darum geht, wie man die natürliche Freiheit der Völker auf ein Minimum reduziert und obendrein streng kontrolliert?

Das Gesamtgebilde unserer jetzigen, verworrenen Gesellschaft ist größtenteils von hierarchischen, elitären, für uns Bürger beklemmenden Strukturen durchzogen, die Unzufriedenheit, Sorgen und Not regelrecht produzieren.
Weitere Folgen dieser unnatürlichen Mechanismen sind Gewalt und auch sexuelle Gewalt. Letzteres findet nicht zuletzt deshalb statt, weil es allgemein noch immer zu viel sexuelle Verklemmtheit gibt.
Bist du vielleicht der Meinung, dass es diese unnötigen Hemmungen bei uns nicht mehr gibt?

Nun, du irrst dich. Als Beispiel nenne ich dir das Verhalten in der Öffentlichkeit.

Wie oft schon hast du Menschen, bis auf sehr wenige Ausnahmen, ganz offen über Sex sprechen hören?

Sogar in den eigenen vier Wänden fällt es vielen unter uns schwer, frei mit ihren Grundbedürfnissen umzugehen.

In den meisten Familien ist Sex etwas, worüber man nicht frei spricht. In zahlreichen, partnerschaftlichen Beziehungen gibt es wegen der Sexualität fortwährend Probleme, die sich dann auf die Kinder übertragen.

Oft müssen sich die Partner, ob weiblich oder männlich, mit einem Minimum an sexueller Zuneigung zufrieden geben.

Aus Gründen der Loyalität zum Partner und einer unnötigen Scham wird in zahlreichen Fällen geschwiegen.

Grundbedürfnisse, die mit Begierde einhergehen, werden nicht ausgesprochen und schon gar nicht gelebt, sondern mit einigem Energieaufwand verdrängt.

Daraus erwächst ein Zustand der Abgeschlagenheit und der Resignation – beides erzeugt nach und nach Apathie.

Die dafür verantwortlichen Gründe werden allerdings woanders gesucht, weshalb die beschriebenen Auswirkungen meist sehr lange anhalten. Dieses Unwohlsein kann niemand auf Dauer verbergen, weil unsere menschliche Natur zu lebensbestimmend ist.

In einer Zweierbeziehung führt dies in der Regel zu einer ernsthaften Krise, zu heftigen Meinungsverschiedenheiten und später zum Absterben vertraulicher Bindungen, das auch vor den Kindern nicht Halt macht.

Außerhalb dieser familiären Tragödien kommt es zusätzlich zu Gewalttaten. Die Ursachen dafür sind eigentlich bekannt. Es geht dabei um die psychischen und physischen Belastungen, die von außen auf uns einwirken.

Unser Gehirn verarbeitet sehr Vieles, und doch kann es durch Überlastung – zum Beispiel durch anhaltende Existenzängste – zu geistig und seelischen Erschöpfungszuständen kommen. Wird diese für die Gesundheit bedrohliche Situation nicht beachtet, beginnen im Körper wichtige, schützende Vorgänge zu versagen.
Ganz normale, logische Gedankengänge erliegen einem Ermüdungsprozess. Und an dieser Stelle kann ein „Teufelskreis" entstehen, der Menschen, die sich bereits in einer beengten Lebenslage befinden – aus welchen Gründen auch immer – noch tiefer in eine Daseinskrise stürzt.
Dies wiederum ruft nicht selten Wut und Aggressivität hervor, die zugleich neue Kräfte freisetzen können. Letztere allerdings kommen zu diesem Zeitpunkt meist negativ zum Ausdruck.
In einem Moment der vermeintlichen Selbstkontrolle schaffen sich manche Menschen, die längere, psychische Stressphasen durchleiden, ein Selbstbildnis der Stärke.
In dieser Zeitspanne kann – leider auch an Kindern – eine Gewalttat geschehen, die mehr oder minder bereits vorprogrammiert war ...

Kinder und ihre Mütter

Liebe Leserin, lieber Leser, vielleicht ist es dir zum Teil möglich, dich in die Situation von alleine gelassenen Müttern zu versetzen. Wie schwer und würdeverletzend muss eine solche Lebensphase sein? Mit hoher Wahrscheinlichkeit ist dieser Umstand kaum erträglich.

An nahezu jeder Ecke unserer Welt lauert die Einsamkeit, die nicht wenige Frauen auf intensivste, direkte Weise zu spüren bekommen.

Junge Mütter beispielsweise werden in manchen Fällen von ihren Eltern nicht mehr akzeptiert, weil sie sich erlaubten eigene Entscheidungen zu treffen.

Solche streng-konservativen Prinzipien gibt es auch innerhalb europäischer Familien.

Einigen unter ihnen fehlt ein verlässlicher Partner an ihrer Seite. Obendrein reicht der Lebensunterhalt kaum für das Notwendigste, weil das Kind oder die Kinder noch sehr klein sind und eine Beschäftigung in einer Firma deshalb nicht möglich ist. Von den Regierungen erhalten diese Kleinfamilien in der Regel viel zu wenig Unterstützung.

Alleinlebende Mütter, aber auch Väter, sollten allerdings nicht dazu verleitet oder gar gedrängt werden, ihr Kind bereits vor dem dritten Lebensjahr mehrere Stunden am Tag in einen Kinderhort zu bringen.

Die Gesellschaftsverhältnisse müssen ohne Wenn und Aber auf eine Weise gestaltet sein, die es reibungslos ermöglicht, dass Kleinkinder zumindest die ersten drei Jahre beständig

in der direkten Umgebung der Elternteile aufwachsen.
Gerät zum Beispiel eine junge Mutter aus den beschriebenen Gründen in eine Notlage, kommt es nicht selten vor,
dass sich kurz darauf der Freundeskreis zurückzieht, weil
es an „geordneten Verhältnissen" mangelt.
In diesem Alleingelassensein versagen dann bei einzelnen
Müttern die Kräfte und als Folge dessen manchmal noch die
Nerven. Eine um sich greifende, kaum noch zu ertragende
Einsamkeit treibt sie an den Rand der Selbstzerstörung,
und am Ende so weit, dass sie – im Angesicht tiefster Verzweiflung und Verwirrung – sogar ihre Kinder zu Tode bringen.

Beim Schreiben obiger Zeilen verspüre ich tiefe Betroffenheit, was die Kinder angeht, verbindliches Mitgefühl für
diese Mütter und zugleich immer wieder maßlose Enttäuschung gegenüber den dafür verantwortlichen Gesellschaftsvorgängen.

Im Sinne unserer Mitmenschen, unserer Kinder – lasst uns
einander besser zuhören und uns gegenseitig in die Augen
sehen, um jede Art von Vernachlässigung und Ausgrenzung
zu vermeiden. Dabei ist es gleichzeitig wichtig, Berufspolitikern unnachgiebig zu zeigen, was sie falsch machen und
worauf es wirklich ankommt.

„Ein großer Mensch ist derjenige,
der sein Kinderherz nicht verliert."

James Legge 1815-1897
Sprachwissenschaftler

Wer sind wir?

Wir Bürger sind viel mehr
als nur …

Geimpfte – Impffreie – Arbeitnehmer – Wähler – Arbeitslose – Rentner – Sozialhilfeempfänger – Kunden – Verbraucher – Unternehmer – Masse – Fans – Patienten – Nummern

Wir Bürger sind

großartige   sensible

harmoniebedürftige   wahrheitssuchende

vertrauenswürdige   wissbegierige

kreative
Gemeinschaftswesen

Lebensbausteine
Grundbedürfnisse

Wir Menschen sind eine komplizierte Spezies – scheinbar. Unser Wesen stellt sich vordergründig als sehr komplex dar. Doch dem ist nicht so.

Jeder Mensch bringt mit seiner Geburt grundsätzliche, menschenspezifische Eigenschaften in die Welt.

Eine wesentliche Rolle spielen dabei unsere Grundbedürfnisse (mindestens 12), die unsere gesamte menschliche Existenz maßgeblich beeinflussen. Verbunden mit diesen Grundbedürfnissen besitzen wir zweifelsfrei die Kraft, ein wahrhaft friedliches und zufriedenes Dasein im Miteinander zu schaffen.

Durch sie befinden wir uns in der Lage, die Gedanken- und Gefühlswelt unserer Mitmenschen weitestgehend verstehen und nachempfinden zu können. Doch zuerst brauchen wir das Wissen über sie. Daraus entsteht das Bewusstsein, ihre besonders wichtige Bedeutung zu erkennen und als lebensbejahende Existenzgrundlage anzunehmen.

Immer dann, sobald wir Grundbedürfnisse missachten, stellen wir uns gegen die menschliche Natur.

Daraus entwickeln sich Unzufriedenheit, zwischenmenschliche Konflikte, Krankheiten, Einsamkeit, ungerechte Entscheidungen, Gewalt und auch Kriege.

Viele Ungereimtheiten in unserer Gesellschaft werden als unvermeidbar eingestuft – wie zum Beispiel der indirekte und direkte Arbeitszwang, Ausgrenzung, Armut und weitere Missstände.

Solange wir derartige Willkür größtenteils unwidersprochen geschehen lassen, wird es keinesfalls zu einer ausgewogenen, menschlichen Gesellschaft kommen.

Alle Menschen haben von Geburt an
dieselben Grundbedürfnisse,
es sind mindestens 12.

Der Unterschied
zwischen einem Bedürfnis
und einem Grundbedürfnis

Ein Bedürfnis kann beliebig sein, z. B. das neueste Handy, den aktuellsten Fernseher, ein schnelleres Auto oder nahezu alle technischen Neuheiten bzw. Gerätschaften zu wollen, die von der Industrie angeboten werden.

Unsere **Grundbedürfnisse** hingegen sind nicht beliebig, wir tragen sie von Geburt an in uns.

Sie sind das natürliche Fundament unseres Daseins.

Alles, was wir tun und erleben, hängt direkt mit ihnen zusammen.

DAS GRUNDBEDÜRFNISBAND

nach Michael Johanni 2015
Menschenrechtsaktivist und Autor

In der bewussten, gegenseitigen Beachtung unserer Grundbedürfnisse, liegt einer der Schlüssel für eine deutlich menschlichere Welt.

Du hast
mindestens 12 Grundbedürfnisse

das natürliche Verlangen, sich mitzuteilen.

in allen Lebensbereichen.

in allen Lebensbereichen.

in allen Lebensbereichen.

in allen Lebensbereichen.

das natürl. Verlangen, eine nützliche Meinung kund zu tun.

das natürliche Verlangen, die Spezies Mensch zu erhalten.

das natürliche Verlangen nach mentaler Förderung,
Fähigkeiten zu erlangen, sie zu leben und zu erweitern.

Zahlreiche Philosophen und Psychologen mit akademischer Ausbildung machen sich seit jeher die Mühe, Bedürfnisse des Menschen zu erfassen und zu analysieren.

Am Ende aber bewegten sich die meisten unter ihnen nur innerhalb eines bestimmten Wissensbereiches, weil sich ihre Analysen mehr oder minder starr nach den bestehenden Verhältnissen der Gesellschaft richteten.

Dies führte dazu, dass ihre Ergebnisse die natürlichen Grundsätzlichkeiten und zahlreichen Möglichkeiten unserer Spezies nicht deutlich genug herauskristallisierten.

Vor allem versäumten viele Träger eines akademischen Titels, eine klare Unterscheidung zwischen Bedürfnissen und den elementaren Grundbedürfnissen unmissverständlich hervorzuheben.

Ohne diese eindeutige Unterscheidung jedoch, ist es nicht möglich, uns Menschen als die Spezies zu betrachten, die wir wirklich sind ...

... vertrauenswürdig, offenherzig, wissbegierig, harmoniebedürftig, wahrheitsliebend, geradlinig, humorvoll, musikalisch, kreativ und sozial.

Am Anfang ging es um das bloße Überleben

Sicher war es für die ersten Menschen auf der Erde schwer, Grundbedürfnisse konkret zu erfassen, um sie genauer zu definieren. Das Dasein musste sich auf das bloße Überleben konzentrieren.
Nur langsam und mit dem Überwinden zahlreicher Hindernisse, erweiterte sich das Wissenspotential.
Mit der Zeit gelang es, den ureigensten Grundbedürfnissen mehr und mehr Aufmerksamkeit zukommen zu lassen.
Dennoch hat man nicht alle menschlichen Besonderheiten als solche erkannt.
Später, als schrittweise offenkundig wurde, dass der normale Mensch nicht einfach nur ein Bündel primitiver und egozentrischer Spinnereien ist, war es fast schon selbstverständlich, wichtige Grundbedürfnisse schlicht zur Seite zu schieben. Einzelne Personen wie auch kleine Gruppen, die sich auf ihre Muskelkraft, auf ihre schnellere Auffassungsgabe oder auf erworbene Vorteile beriefen, hielten es größtenteils nicht für nötig, ihr Wissen zum Nutzen aller einzusetzen – im Gegenteil, es wurde der Mehrheit bewusst vorenthalten.
Jahrhundert um Jahrhundert lebte der Großteil unserer Vorfahren in Unterdrückung und Versklavung – ein Dasein in Zufriedenheit war ihnen nicht gegönnt.
Die meisten waren ihren Peinigern hilflos ausgeliefert.
Wer sich nicht unterwarf, wurde eingesperrt und gefoltert.
Und sehr viele hat man getötet.

Millionen, ja Milliarden von Menschen waren von Unruhe getrieben sowie mit Unzufriedenheit gezeichnet – und bis heute hat es noch kein Ende genommen!

Nach wie vor wird der überwiegende Teil der Erdbevölkerung unten gehalten – muss mit Einschüchterung, beengenden Gesetzen und Armut das tägliche Dasein irgendwie ertragen. Dies alles nur, damit bestimmte Personenkreise möglichst widerspruchslos ein Leben in überschwänglichem Luxus mit zahlreichen Privilegien führen können.

Sie verkennen dabei, dass auch sie eine bessere Lebensqualität hätten, würde es allen Menschen in dieser Welt wirklich gut ergehen. Leider fehlt den allermeisten unter ihnen der Wille, den Reichtum dieser Erde – den sie größtenteils an sich rissen – mit Bürgern, die sie nicht persönlich kennen, menschlich sinnvoll zu teilen.

Es kann uns gedanklich weiter bringen, indem wir folgende Frage stellen: *Ist das gesellschaftliche Chaos in der Welt gezielt herbeigeführt oder durch Unkenntnis ausgelöst?*

Beides trifft zu – wobei das gezielte Herbeiführen der unzähligen Missstände als die Hauptursache bewertet werden muss. Und in der Tat – es fehlt gerade in den entscheidenden Verantwortungsbereichen auch am nötigen Wissen.

Nicht nur ein zu starkes Maß an Eitelkeit und eine über alles stehende Arroganz, sondern auch Ängste versperren den Blick auf das menschlich Wesentliche.

Zahlreiche „Entscheider" – dies in allen Bereichen – leben

mit der Angst, bestimmte Statussymbole zu verlieren und einen Prestigeverlust zu erleiden. Sie lassen sich von obligatorischen Weltbildern treiben und hinterfragen widersprüchliche Vorgänge kaum, weil sie zu sehr damit beschäftigt sind, innerhalb des Systems ihre Positionen zu behaupten – nach Möglichkeit noch zu verbessern.
So wird das Nachdenken über Bürger, deren wertvolle Eigenschaften und die Würde des Einzelnen eher noch als Belastung empfunden ...

Es muss nicht so bleiben, wie es ist!
Wir alle sind lernfähig bis ins hohe Alter – dies sollten wir niemals unterschätzen.

Mit nachfolgenden Zeilen erlaube ich mir,
einige Grundbedürfnisse
genauer zu beschreiben:

Das Grundbedürfnis – Nahrung

Das Grundbedürfnis Nahrung wirkt höchst unmittelbar auf uns ein. Unsere biologische Beschaffenheit benötigt die stetige Versorgung mit nährstoffreichen Lebensmitteln.
Alle unsere Organe sind vor allem auf ausreichend Flüssigkeit angewiesen – ca. 2,5 bis 3 Liter am Tag. Am besten Mineralwasser (ohne Fluorid), Kräutertee oder Saft von frischen Früchten. Menschen, die an Diabetes erkrankt sind, sollten auf den Fruchtzucker in Säften achten.
Mit den verschiedensten Speisen bringen wir Eiweiß, Kohlen-

hydrate, Fett, Vitamine, Mineralstoffe, Spurenelemente und Ballaststoffe in unseren Körper. Dabei ist es wichtig, die jeweilige Menge im Auge zu behalten.

Für unser körperliches Wachstum und ein gesundes Immunsystem brauchen wir eine ausgewogene Ernährung.

Wir dürfen nicht vergessen, dass eine bewusste und abwechslungsreiche Kost ebenso für unsere Nervenzellen und Gehirnfunktionen unerlässlich ist.

In diesem Zusammenhang muss darauf hingewiesen werden, dass die Regierung in Deutschland entschieden hat, dass unsere Mitbürger, die in das stark einengende „Programm" Hartz IV gedrängt wurden, mit nur 155,00 Euro im Monat für Nahrung und Getränke auskommen sollen (Stand 2022). Auch hieran zeigt sich die Bürgerverachtung der verantwortlichen Berufspolitiker.

Um sich wirklich gesund und abwechslungsreich ernähren zu können, benötigt es für Lebensmitteleinkäufe – bezogen auf das bestehende Geldsystem und die gegenwärtigen Preise – mindestens 350,00 Euro netto monatlich!

Viele Krankheiten entstehen durch den Mangel an Nährstoffen, auch hier in Mitteleuropa.

Sehen wir die Lebenssituation zahlreicher Bürger in einigen anderen Erdteilen, wie zum Beispiel in Asien oder Afrika, sollte uns klar werden, dass alleine mit Reis oder Getreidebrei die Nährstoffzufuhr keineswegs gedeckt ist.

Hinzu kommt, dass es in Ländern Asiens und Afrikas für einen großen Teil der Bevölkerung nach wie vor keine ordentliche Trinkwasserversorgung gibt!

Wasserleitungen und Kanalisation fehlen in vielen Gebieten oder Stadtbezirken immer noch völlig. Unsere Mitmenschen müssen dort schmutziges Wasser trinken – tun sie

sie es nicht, verdursten sie.

Die Berufspolitiker dieser Länder lassen ihre Mitbürger mehr oder minder im Stich. Ihre Amtskollegen, zum Beispiel europäische, kennen diese Zustände zwar, sehen in der Regel jedoch darüber hinweg, weil es ihnen wichtiger ist, „ein gutes Verhältnis" mit den Verursachern zu pflegen. Auch jetzt noch – obgleich wir uns inzwischen im Jahre 2022 befinden – leiden fast eine Milliarde Bürger an Nahrungsmangel. Und eine weitere Milliarde unserer Mitbürger ist höchstwahrscheinlich von „verstecktem" Hunger betroffen, von Nährstoffmangel.

Den Berufspolitikern und Wirtschaftsvertretern fällt es relativ leicht, für die schier unzähligen Missstände überall in der Welt fadenscheinige Gründe zu konstruieren.

Die nachweislich bürgerferne Weltpolitik wird damit regelmäßig kaschiert.

Die Ursache für Hunger und Mangelernährung bei sehr vielen Bürgern in der Welt resultiert nicht aus der angeblichen Knappheit von Getreide und anderen Lebensmitteln. Und erst recht nicht aus dem Bevölkerungswachstum.

Das Ausbleiben, mehr gesagt das Vorenthalten wichtiger Nahrung und Nährstoffe, ist das Ergebnis einer willkürlichen, einseitig gestalteten Organisation der Gesellschafts- und Wirtschaftsabläufe.

Weltweit werden jährlich 1,3 bis 2,5 Milliarden Tonnen Lebensmittel weggeworfen – damit könnten sich wahrscheinlich mindestens 2 Milliarden Bürger ernähren.

In Deutschland alleine werden jährlich mindestens 12 Millionen Tonnen Lebensmittel entsorgt.

Der wesentliche Teil leidbringender Not wird schlicht durch machtpolitische Interessen von Regierungen und einigen Konzernen verursacht. Zu diesen gehören auch die „Führungskräfte" bestimmter großer Banken, auch solcher, mit Sitz in Amerika.

Beispielsweise werden notwendige Lebensmittel nicht in die bedürftigen Regionen ausgeliefert und manchmal sogar vernichtet. Einerseits, um die Preise auf dem sogenannten Weltmarkt stabil zu halten, damit die jeweiligen Unternehmen keinerlei Einbußen bei Umsatz und Gewinnen hinnehmen „müssen". Andererseits, um gegenüber den verantwortlichen Berufspolitikern (den Amtskollegen) vor Ort, die ihrerseits viele Bürger in Not bringen, Differenzen möglichst zu vermeiden.

Schließlich sollten wir davon ausgehen, dass die große Mehrheit der Staatsvertreter in der Welt auf die eine oder andere Weise Hand in Hand arbeitet ...

Waffen- und weitere Industriegeschäfte, Weltregierungsphantastereien, das Bauen von Palästen sowie die Teilnahme an großen, üppigen Banketts gehören zu den vordersten Prioritäten.

Einzelne Projekte, die immer wieder medienwirksam gezeigt werden, sind keinesfalls genug – weiß man um die Not unserer Mitbürger, die selbst noch im 21. Jahrhundert ein Dasein erleben, das keines Menschen würdig ist!

Wo die Würde der Bürger und deren Schicksal an zweiter und dritter Stelle steht, und überwiegend ist dem so, zeigt sich unverhüllt, dass die Regierungen dieser Welt nicht für die Völker handeln!

Ereignet sich eine Katastrophe – zum Beispiel eine große Überschwemmung oder ein Erdbeben – zeigen sich Berufspolitiker und weitere sogenannte prominente Personenkreise für eine kurze Zeitphase betroffen. In solchen Ausnahmesituationen wird in aller Regel ein gutes Mindestmaß an Hilfe geleistet. Vorher allerdings wurden in Armut und Hunger lebende Bürger jahrelang im Stich gelassen und vergessen.

Sobald der Höhepunkt einer Katastrophe überwunden ist – auch die Medien keine Berichte mehr an die Öffentlichkeit bringen – werden diese Bürger erneut vergessen. Jedenfalls war es bisher so.

Die allermeisten jüngeren Führungskräfte in Europa, Amerika, Indien und Australien ließen sich einreden, dass die Völker nur mit dem gegenwärtigen Gesellschaftssystem geführt werden können – was natürlich nicht einmal ansatzweise stimmt.

Noch bedrückender ist es in einigen anderen Ländern, in denen unzählige unserer Mitbürger mehr oder minder täglich Folter und Tod vor Augen sehen.

Die Verantwortung für die relevanten Abläufe innerhalb der Bevölkerungen sei nur durch die Eliten zu gewährleisten. Dieses Alibi hatten sich schon die alten Ägypter, Römer sowie der nachfolgende Adel zu eigen gemacht. Mit dem Resultat, dass sie die Allgemeinheit mit brachialen Methoden unterdrückten.

Um die bestehenden, machtorientierten Strukturen zu erhalten und zu erweitern, wurde ein spezieller Plan geschaffen. Dessen Undurchsichtigkeit und vordergründige Komplexität verhindern größtenteils, dass die Bürger direkten Einfluss auf verzweigte Vorgänge nehmen.

Deutlich sichtbar werden diese meist subtilen, bei genauerem Hinsehen aber auffällig erkennbaren Abläufe gerade auch dort, wo es um die Lebensqualität von uns Bürgern geht,

insbesondere betreffend einer ausgewogenen Ernährung.
Die Beschaffung von Nahrung und Nährstoffen wie auch
deren Qualität werden – neben anderen konstruierten Re-
gelwerken – seit langem schon als „Machtwerkzeug" missbraucht.
In einem Land, in dem es die sogenannten Tafeln gibt, ob-
schon es ausreichend Möglichkeiten gäbe, *für alle* ganz
grundsätzlich ein Dasein in Würde zu organisieren, stehen
paradoxe Entscheidungen und Arroganz hoch im Kurs.
Die jeweiligen Verursacher sollten ihr Unrechtsverhalten
nicht länger verüben dürfen!

Lassen wir uns nicht länger einreden, dass die Welt gar
nicht anders sein könnte als sie bisher ist.
Wer solche Unwahrheiten zum Ausdruck bringt, denkt
entweder nicht wirklich nach oder profitiert vom Unrecht
in dieser Welt.

Das Grundbedürfnis – Schlaf

Jeder von uns weiß – ohne Schlaf geht gar nichts.
Der menschliche, biologische Aufbau umfasst Körper und
Geist gleichermaßen. Weil dem so ist, bedeutet ausrei-
chender und entspannter Schlaf für uns Menschen immens viel.

Ein regelmäßiger und möglichst gleichbleibender Schlaf-
rhythmus ist für unsere Gesundheit unentbehrlich.
Dabei ist auch die Zeit und Dauer sehr wichtig. Der soge-

nannte Vormitternachtsschlaf kommt unserer menschlichen Biologie zugute. Die Zeitspanne zwischen 22.00 und 7.00 Uhr ist für Erwachsene am sinnvollsten.

Dem aber steht die Schicht- bzw. die Nachtarbeit völlig widersprüchlich entgegen. Frühmorgens um drei Uhr den Schlaf abbrechen zu müssen, nur um den Ansprüchen der Firma genüge zu tun, muss als Fußtritt gegen unsere menschliche Natur bewertet werden. Einige unserer Mitbürger werden indirekt dazu gezwungen, ihre Beschäftigung am Abend um 22.00 oder 23.00 Uhr zu beginnen. Auf diese Weise bleibt ihnen die beste Schlafzeit verwehrt.

Schon mehrfach wurde nachgewiesen, dass Menschen, die nachts arbeiten, besonders anfällig für Krankheiten sind. Gleichzeitig verkürzt sich durch regelmäßige Nachtarbeit die Lebensdauer um ca. 10 bis 15 Jahre. So steht es außer Frage, dass das allgemeine Gesellschafts- und Wirtschaftsgebilde korrigiert werden muss, damit möglichst alle Bürger einem stets regenerativen Schlaf nachgehen können.

Ausnahmen bilden zweifelsohne die Beschäftigungszeiten der Angestellten in Hospizen, Palliativstationen, Krankenhäusern und Pflegeheimen sowie der Rettungsdienste wie auch der Berufsfeuerwehr. Hierbei braucht es im Sinne der jeweils hilfebedürftigen Menschen natürlich eine andere Regelung, bei der auf Schicht- und Nachtdienst nun einmal nicht verzichtet werden kann. Jedoch ist das tägliche Stundenpensum bei Krankenschwestern und -pflegern, Altenpflegerinnen/Pflegern, Ärztinnen/Ärzten (insbesondere in Krankenhäusern) meist viel zu hoch!
Dadurch erleiden sie mit der Zeit gesundheitliche Schäden.

Aufgrund von Schlafdefiziten kommt es immer wieder zu Vernachlässigungen gegenüber älteren Bürgern in Pflegeheimen und Patienten in Krankenhäusern – nicht selten zu beträchtlichen.

Die Verantwortlichen müssen sich endlich von eitlem Machtbestreben, dem übersteigerten Wunsch nach Privilegien und bürgerfernen Zahlendiktaten befreien. Dies gilt auch für die Führungskräfte, die den hier beschriebenen Fachgebieten vorstehen.

Es ist höchst befremdend, dass zahlreiche Bürger ein erschwertes Leben führen müssen, nur weil einzelne Personen und Gruppen ein Übermaß an Annehmlichkeiten für sich in Anspruch nehmen wollen.

Genau dies aber geschieht ganz allgemein und nicht übersehbar auch in einigen Dienstleistungsbereichen – wie zum Beispiel Bäckereien und in der Hotellerie/Gastronomie.

Darüber hinaus auch in der Stahl- bzw. der Rüstungsindustrie, in der teilweise gesellschaftsschädigende Erzeugnisse hergestellt werden.

Wo ist das Beachten – die Rücksicht auf genug Ruhephasen und den nächtlichen Schlaf?

Nicht anders ist es mit dem Produzieren von Waffenteilen, Bauelementen für Kriegsschiffe und anderem lebensbedrohlichen Kriegsgerät. Auch dabei steht das Grundbedürfnis Schlaf zu den nötigen Uhrzeiten an untergeordneter Stelle. Zweifelsohne zeigt sich, dass das Wohl der Mitarbeiter/Bürger nicht wirklich zählt.

Noch immer wird von oben herab geäußert, dass die Bürger doch froh sein sollen, einen Arbeitsplatz zu haben ...

Arbeitsplätze aber sind für den überwiegenden Teil der Menschen keineswegs der Garant für ein Leben in Würde, weshalb es ratsam ist, die fortwährenden Redefloskeln von sogenannten Wirtschaftsfachleuten und Parteizöglingen lediglich als „Betäubungsmittel" zu bewerten.

Das Grundbedürfnis Schlaf gehört zu unserer menschlichen Natur. Eine Geringschätzung dieses wichtigen, natürlichen Vorgangs sollten wir nicht zulassen.
Schlafmangel und -störungen mindern unsere Lebensqualität erheblich! Sie reduzieren die Konzentrationsfähigkeit, körperliche Fitness, machen in kleinen Schritten krank und lassen uns früher sterben.

Das Grundbedürfnis – Zuneigung

Zuneigung ist die ehrliche Aufmerksamkeit,
die wir unseren Mitmenschen zukommen lassen.

Jeder von uns benötigt das aufrichtige Wort und die Empathie seiner Mitmenschen in den unterschiedlichsten Situationen. Durch Zuneigung fühlen wir uns zugehörig und angenommen – wir stehen nicht am Rande.
Wir brauchen die Hand, die unsere nimmt – und gerade auch dann, wenn Enttäuschungen, Einsamkeit und Krankheit die Freude am Leben trüben.
Du wurdest ins Krankenhaus eingewiesen, weil du einen Herzinfarkt erlitten hast.

Inzwischen wissen die meisten unter uns, dass ein solcher Infarkt oft aus der Summe mehrerer Ursachen entsteht.

Nun, da liegst du also – hast dich immer so stark gefühlt – nichts konnte dich umwerfen. Doch die Natur setzt immer wieder Grenzen.

Und während du einige Tage im Bett zubringst, fällt dir regelmäßig etwas Bestimmtes auf, das dich tief berührt.

Es ist Zuneigung, welche du durch die Besuche deiner Familie und Freunde wahrnimmst. Dasselbe verspürst du auch dann, sobald die Krankenschwester für wenige Minuten an dein Bett kommt, um sich nach deinem Befinden zu erkundigen oder dir den Blutdruck zu messen. Im besten Falle tut sie dies ohne Hektik und konzentriert sich ganz auf dich, denn auch damit kann sie etwas zu deiner Gesundung beitragen.

Durch Zuneigung ist Unangenehmes leichter zu ertragen, wodurch in uns neuer Mut und Zuversicht entsteht.

Schenken wir am besten allen Menschen, denen wir hier und da begegnen, unsere Zuneigung – für eine deutlich menschlichere Zukunft!

Das Grundbedürfnis – Geborgenheit

Geborgenheit ist die warme Decke,
die jeder von uns braucht.

Vielleicht bedarf es dazu nicht vieler Worte. Dennoch, jedes Grundbedürfnis ist unsagbar wichtig, weshalb es sich immer lohnt, darüber zu reden oder zu schreiben.

Sich geborgen fühlen heißt, sich fallen lassen zu können, mit dem Wissen, dass man jetzt und hier in einer Umgebung verweilt, die durchtränkt ist von aufrichtigem Vertrauen.

Es ist, als würde dir eine warme Decke behutsam über deinen frierenden Leib gelegt.

Sich wie zu Hause fühlen, weil Menschen da sind, die sich um dich kümmern – die nichts anderes im Sinne haben als dein Wohlergehen.

Wir alle haben dieses innere Verlangen – und jeder Einzelne von uns kann es dem Anderen erfüllen.

Dabei spielt es überhaupt keine Rolle, wo du gerade bist, ob zu Hause, im Bus, während des Einkaufens oder in der Firma. Auch dann, wenn du mit dem Auto unterwegs bist.

Überall triffst du auf Menschen, die sie brauchen,
Geborgenheit.

Das Grundbedürfnis – Anerkennung

Der Schatz der Anerkennung
ist überall zugegen - verschwenden wir ihn.

Das innere Verlangen nach *Anerkennung* ist von universaler Bedeutung. Es ist allumfassend, besonders weitreichend und berührt sämtliches Denken und Handeln mit tiefer Nachhaltigkeit.

Bereits ein wohlgesonnener Blick, ein ehrlich gemeintes Danke sowie das Wahrnehmen und Aussprechen bei kleinen Veränderungen/Verbesserungen fördern die Motivation in jedem Menschen.

In aller Regel wird in Verbindung mit Anerkennung an das Lob eines „Vorgesetzten", die Gehaltserhöhung, eine Beförderung oder an einen verliehenen Orden gedacht. Solche Formen der Anerkennung haben aber nicht immer ihre Berechtigung.

Die Bedeutung und Auswirkungen, welche mit dem Grundbedürfnis -Anerkennung- verbunden sind, gehen jedoch über die oben genannten Beispiele hinaus.

Die Spezies Mensch ist in ihrer Grundsätzlichkeit genial.

Einige unter uns sehen dies anders – das hat natürlich seine Gründe.

Menschenwürdeverletzende Verhaltensweisen weniger ließen im Laufe der Zeit Zweifel an der Genialität der Spezies entstehen. Sobald wir allerdings die gesamten Fähigkeiten genauer betrachten, werden die Besonderheiten offensichtlich.

Unsere herausragende Vielfältigkeit, die wir durchaus als etwas ganz Bemerkenswertes bezeichnen können, zeigt sich gerade durch das Vorhandensein unserer Grundbedürfnisse.

Schon als Kleinkind spüren wir instinktiv, ob und inwieweit wir anerkannt werden. Ein beachtender Blick von der Mutter oder dem Vater kann Wunder bewirken.

Durch solch einen Augenkontakt fühlen wir uns zugehörig und in unserem Dasein bestätigt.

Bei Kindern und Eltern, die aus verschiedenen Gründen nicht mit ihren Augen sehen können, findet dieses wichtige

Verhalten über Körperkontakt und die Stimme statt.

Mit einem Mangel an aufrichtiger, regelmäßiger Anerkennung – die so nötig ist, wie die Sonne für den Rebstock – kann sich ein Kind nicht wirklich positiv entwickeln.

Schließlich ist es wichtig, bereits das bloße Existieren von uns Menschen wertzuschätzen, weil darin die Grundbasis für ein würdiges Miteinander liegt.

Damit einhergehend ergeben sich in uns elementare Fragen nach dem Sinn des Lebens: *Wer braucht mich? Wozu bin ich gut? Worin besteht der Sinn meiner Existenz?*

Stelle dir vor, du bist alleine auf einer Insel. Nahrung ist dort ausreichend vorhanden. Doch dir fehlt das Glück, welches die berühmte Erzählfigur Robinson Crusoe hatte, indem ihr ein entflohener Eingeborener mehr oder minder in die Arme lief. Die Anwesenheit dieses Menschen ließ Robinson Crusoe besser leben – überleben.

Zuneigung, gegenseitige Anerkennung und sich dem anderen mitteilen zu können, machten das tägliche Leben auf der Insel erträglich.

Alleine auf dich gestellt würdest du früher oder später verrückt werden, dein eigenes Ich ablehnen und nach und nach ganz verwelken.

Am Ende brichst du zusammen, weil die Spezies Mensch in ihrer Natur so angelegt ist, dass sie als Einzelwesen über einen längeren Zeitraum nicht existieren kann.

Es mag wenige Ausnahmen geben – Mitbürger, die sich ganz bewusst für eine gewissen Zeitraum von anderen Menschen distanzieren und völlig zurückgezogen leben.

Allerdings gelang es ihnen schon zuvor, mit ihrem Ich auf eine Weise in Einklang zu kommen, sodass sie daraus die notwendige Kraft schöpfen, für eine erträgliche Zeitspanne alleine sein zu können.

Es gelingt ihnen, einen bewussteren Dialog mit sich selbst zu führen, der sie Zufriedenheit verspüren lässt.

Meiner Ansicht nach wäre es aber zu weit gegriffen, zu sagen, dass Menschen während einer solchen Zurückgezogenheit die Blüte des Daseins erleben.

Die Vielfalt der menschlichen Natur strebt nun einmal nach Befriedigung aller Grundbedürfnisse. Sie zu verdrängen führt nur dazu, dass wir unsere ursprüngliche, positive Natürlichkeit Stück für Stück verlieren.

Wir brauchen den Spiegel eines menschlichen Gegenübers, das uns durch Anerkennung signalisiert, dass wir willkommen sind – mit all unserer grandiosen und vielschichtigen Wesensart.

Wenn wir beispielsweise durch die Stadt gehen, um etwas zu erledigen oder einfach nur durch die Gassen schlendern, suchen wir dabei unbewusst, auch bewusst, nach Beachtung – nach Anerkennung.

Was aber geschieht in der Regel?

Die allermeisten Menschen, die sich in der Stadt unwillkürlich begegnen, meiden den direkten Augenkontakt.

Auf diese Art wird Anerkennung versagt – oder anders ausgedrückt – viele missachten sich gegenseitig.

Im Sinne einer deutlich menschlicheren Zukunft ist es notwendig, dies zu ändern.

Stellen wir zu unseren Mitmenschen einen kurzen Blickkontakt her, wo auch immer wir uns aufhalten.

Es sollte schlicht und einfach selbstverständlich werden, andere zu motivieren. Dazu müssen wir unsere Mitbürger beachten, respektieren und ihnen Vorschussvertrauen zukommen lassen.

Vermeiden wir es, besser sein zu wollen als sie. Streben wir die Ergänzung und das Miteinander an – bereichern wir uns gegenseitig.

Das Grundbedürfnis – Fortpflanzung

Warum ist unser Begehren nach menschlicher Fortpflanzung ein Grundbedürfnis?

Diese Frage ergibt sich fast automatisch, sobald wir allgemein über das Fortbestehen der Spezies Mensch nachdenken oder sprechen.

Das innere Verlangen nach *Fortpflanzung* ist ein enger Verbündeter des Unterbewusstseins und unseres Selbsterhaltungstriebes. Gemeinsam geht es diesen drei bemerkenswerten Attributen zuerst grundsätzlich um nichts anderes, als das Überleben des Menschen zu sichern.

Gleichzeitig ist damit die intuitive, aber konkrete Vorstellung eines Weiterlebens nach dem Tod verbunden, indem wir die berechtigte Hoffnung aufrecht erhalten, dass ein Teil unseres Ichs, ein Teil unserer Gedanken bestenfalls in anderen Menschen weiter existiert.

Ist der ausgesprochene Wunsch nach einem Kind nur so daher geredet? Ein Kind, das freudesprießend auf dem Spielplatz herumspringt, an dem wir zufällig vorüberspazieren, kann ein Impuls sein.

Die Wirksamkeit eines Impulses ist dann am stärksten, wenn für diesen bereits eine gedankliche Bereitschaft vorhanden ist. Und die wiederum entwickelt sich nicht zuletzt durch das Unterbewusstsein, weil darin viele Abläufe und Wünsche gespeichert sind.

Zudem liegt dort auch ein Teil unserer moralischen, sozialen Intelligenz verborgen, die wir durch unterschiedlichste Erfahrungen erwarben.

Diese unsichtbaren, aber immer vorhandenen Antriebsquellen gilt es nicht zu unterschätzen.

Unsere Lebensreise, die mit der Geburt beginnt und mit dem Tod zu einer natürlichen Einheit findet, erhält erst durch unsere Grundbedürfnisse und die damit verflochtene Menschenwürde eine tiefe und wertvolle Bedeutung.

Das Grundbedürfnis – Sexualität

Fällt es dir vielleicht etwas schwer, das Verlangen nach Sexualität als Grundbedürfnis zu verstehen?

Nun, damit bist du nicht alleine. Für dich und unsere Mitmenschen, die sich dessen bisher nicht bewusst waren, schreibe ich die folgenden Zeilen.

Jedes der 12 Grundbedürfnisse, das hier in diesem Buch beschrieben ist, bringt ein natürliches Verlangen zum Ausdruck.

Alle Grundbedürfnisse möchten befriedigt sein – ob wir das wollen oder nicht – es ist nun einmal so.

Wir bestehen aus Körper, Geist und Emotion. Und erst dann,

sobald diese erstaunliche Verbindung ganzheitlich gelebt werden kann, fühlen wir uns rundum wohl – das Glücklichsein wird spürbar.

Hattest du schon einmal Sex ohne, dass zuvor deine Gedanken dafür stimuliert waren?

Wohl kaum, denn auch die Sexualität beginnt zuerst in unserem Kopf. Von da aus werden verschiedenste Signale ausgesandt, die Energie und Hormone freisetzen.

In diesem Zusammenhang dürfen wir die wichtigen Sinnesorgane nicht vergessen. Sie haben zahlreiche, sensible Antennen, durch die wir Berührungen und tiefere Gefühle wahrnehmen können – insbesondere unsere Haut.

Viele Menschen betreiben Gymnastik, joggen oder gehen zum Schwimmen, um etwas für ihre Gesundheit zu tun, das ist gut so. Dennoch bemerken einige unter ihnen eine regelmäßige Antriebsschwäche.

Bei ärztlichen Untersuchungen werden keine körperlichen Auffälligkeiten festgestellt.

Der Grund für das Unwohlsein, für diese regelmäßige Kraftlosigkeit, könnte das schlechte Betriebsklima in der Firma sein. Vielleicht Ängste, die durch das Bedrängen von Behörden entstehen.

Stärkere Ermüdungserscheinungen können sich auch aufgrund ständiger Streitereien mit dem Partner entwickeln.

Wenn wir uns beim Erledigen der allgemeinen, täglichen Dinge schwer tun, kann dies vielleicht aber ein merklicher Hinweis darauf sein, dass wir einem beständigen Mangel an befriedigender Sexualität ausgesetzt sind.

Um es auf den Punkt zu bringen. Wir können einen Teil unseres Ichs nicht einfach unbeachtet lassen. Dennoch ist es nötig, dass wir unseren gesunden Menschenverstand nutzen.

Im Interesse unserer Mitmenschen, so auch gegenüber uns selbst, dürfen wir uns keinesfalls dazu hinreißen lassen, dem sexuellen Verlangen um jeden Preis nachzugehen.

In einer harmonischen Partnerbeziehung finden sich ausreichend Wege, um der Sexualität die entsprechende Aufmerksamkeit zu schenken.

Das Grundbedürfnis
Freie Meinungsäußerung

Es ist zweifelsfrei ein besonderes Wesensmerkmal, das Verlangen in uns zu tragen, eine nützliche Meinung kund tun zu wollen. Schließlich ist unsere mentale Veranlagung von Natur aus dazu geschaffen, Vorgänge und Worte gedanklich zu erfassen, um sie einzuordnen. Daraus entwickelt sich ganz von selbst der natürliche Drang, sich äußern zu wollen.

Das Äußern seiner persönlichen Anliegen ist für jeden Menschen sehr wichtig. Durch das Austauschen von Meinungen und Argumenten können wir das Sinnvollste aus einer Situation hervorbringen. Im Sinne der Menschlichkeit ist es dabei stets angebracht, dass wir unseren Mitmenschen aufmerksam zuhören. Wenn wir dies nicht oder nur halbherzig tun, fehlen uns Informationen für die eigene Meinungsbildung.

Das Aussprechen unserer Ansichten muss immer mit dem Anspruch der Wahrheit und der Wahrheitsfindung einhergehen.

Es sollte die eigene Meinung sein, die ausgesprochen wird – denn oft ist sie das nicht.

Ohne Aufrichtigkeit und ein hohes Maß an Objektivität, wird eine Meinung letztlich eher zu einem Hindernis, und dies in allen Lebensbereichen.

Aussagen, die Unwahrheiten verkünden, brachten schon sehr viel Sorgen und Leid über Menschen!

Das Grundbedürfnis der freien Meinungsäußerung beschneiden oder blockieren bedeutet, die Würde des jeweilig betroffenen Bürgers zu missachten.

In zahlreichen Situationen ist folgender Satz zu hören: *Man wird doch noch seine Meinung sagen dürfen.*

Genau so oft wird uns nahe gebracht, dass wir in dieser Gesellschaft unsere Meinung äußern könnten ...

Im Grundgesetz steht unter Grundrechte Artikel 5: *Jeder hat das Recht, seine Meinung in Wort, Schrift und Bild frei zu äußern, zu verbreiten und sich ungehindert aus allgemein zugänglichen Quellen zu unterrichten.*

Hierbei fällt zuerst auf, dass es nur **die allgemein zugänglichen** Quellen sind, die wir Bürger nutzen sollen ...

Der Gesetzestext in Absatz 1 bringt weiter zum Ausdruck: *Die Pressefreiheit und die Freiheit der Berichterstattung durch Rundfunk und Film werden gewährleistet. Eine Zensur findet nicht statt ...*

Es findet keine Zensur statt?

Von besonderer Wichtigkeit ist es, dass wir unseren eigenen Gedanken und Worten selbst genug Wertschätzung entgegen bringen.

Erst dann gelingt es, überlegte, aufrichtige Gedanken und Worte an unsere Mitmenschen weiterzugeben.
Eine wohlgemeinte Meinung oder Überzeugung, muss jedem Menschen gestattet sein.

Freie Meinungsäußerung
Das innere Verlangen,
eine nützliche Meinung kund zu tun.

Das Grundbedürfnis – Kreativität

Kreativität
Das natürliche Verlangen nach
mentaler Förderung, Fähigkeiten zu erlangen,
sie zu leben und zu erweitern.

Von Natur aus trägt jeder Mensch das Verlangen in sich, seine natürlichen Stärken zu leben und zu erweitern.

Stelle dir vor, du hast bei einer Begegnung in der Stadt einen Impuls wahrgenommen, der deine Gedanken beflügelt und sich zu einer bestimmten Idee bündelt.
Du bist davon überzeugt, dass diese Idee – diese festgehaltenen Vorstellungen – nützlich sind. Bei nächster Gelegenheit willst du die neuen Überlegungen deiner Familie, deinem Freundeskreis oder auch deinen Kollegen und dem Chef in der Firma mitteilen. Leider findest du kein Gehör,

weil die Menschen, denen du eigentlich vertraust, dir nicht wirklich zuhören.

So bleibst du mit deinen Gedanken alleine. Deine Idee wird in dir versinken und womöglich vertrocknen.

Wir benötigen ein wohlwollendes Umfeld, um unsere Kreativität entfalten zu können.

Das Eingesperrtsein unserer Potentiale – ob in körperlicher oder geistiger Hinsicht – lässt uns ermüden und träge werden.

Die in uns vorhandenen, natürlichen Energien, beispielsweise der grundsätzliche Drang nach Wissen und das stetige Verlangen, sich mitzuteilen, sind dazu geschaffen, das Leben immer wieder mit frischem Wind zu bereichern. Sie benötigen ausreichend Freiraum, um sich entfalten zu können.

Die wachsenden Fähigkeiten sollten wir aber ausschließlich für wirklich Sinnvolles nutzen. Einer Weiterentwicklung von Waffen und genmanipulierten Nahrungsmitteln, um nur zwei Beispiele zu nennen, muss die Sinnhaftigkeit allerdings abgesprochen werden!

Unsere Gedankenstruktur können wir mit einer Schleuse vergleichen. Sie ist fähig, unseren gesamten Organismus – Körper, Geist und Emotion – fließen zu lassen, oder ihn auszubremsen.

Wird unsere Kreativität nicht gefordert oder blockiert, zeigt sich unser Gesamtverhalten gehemmt. Und daraus wiederum entwickeln sich Abgeschlagenheit, Apathie, Krankheiten und in einigen Fällen auch Aggressivität.

Letzteres kann zu Gewalttaten führen.

Liebe Leserin, lieber Leser, lasse es erst gar nicht soweit kommen. Du darfst dich solchen Zuständen nicht ergeben. Deshalb, achte auf deine inneren Befindlichkeiten, auf deine Kreativität und Stärken. Hege und pflege sie – für dich selbst, aber auch im Sinne deiner Mitmenschen.

Hinweis:
Das *Mitteilungsgrundbedürfnis* und die Grundbedürfnisse *Neugierde* sowie *Harmonie* sind in meinem Buch „Raus aus der Apathie" beschrieben.

Ein Wettlauf
am Ende unseres Lebens?

Wenn wir uns nicht genügend Zeit für ein Leben in Würde nehmen, oder uns die Zeit durch nachweisliche Zwänge regelrecht geraubt wird, befinden wir uns am Ende in einem schmerzlichen „Wettlauf" zwischen näherkommenden Tod und ablaufender Lebenszeit, wodurch uns dann auch das Sterben in Würde verwehrt bleibt.

Unsere Würde braucht moralische Authentizität

M e n s c h e n w ü r d e – welch ein großes Wort.
Nahezu jeder unter uns ist der Ansicht, die Bedeutung dieses wichtigen Wortes genau zu kennen.
Und dennoch wird die Würde bei sehr vielen Mitbürgern fast täglich verletzt.

Stützwerk – Würde

Die Menschenwürde ist ein wichtiger, natürlicher Teil unseres Ichs. Sie ist ein übergeordneter, festverankerter, permanenter Bewusstseinsvorgang, der durch die elementaren Grundbedürfnisse und deren menschenspezifisches Verlangen fortwährend spürbare, existenzielle Substanz erhält.

Damit wird unsere Würde zum geistigen, emotionalen Stützwerk, das eine Grundlage für sämtliche Denkprozesse und Verhaltensweisen bildet.

Im Allgemeinen wird undifferenziert davon gesprochen, dass wir von Natur aus egoistisch, bequem und nur subjektiv seien – wir hätten „das Böse" bereits in uns.

Dies entspricht keinesfalls der Wahrheit, weshalb solchen entmutigenden und missgünstigen Parolen widersprochen werden muss.

Viel mehr zeichnet uns aus, dass wir von Geburt an soziale Gemeinschaftswesen sind, die Harmonie und schlichte Wahrheit nicht nur bevorzugen – sie sind für uns existenziell.

Wir Menschen sind nicht teilbar, auch wenn dies von Wirtschaftsvertretern, Managern und Berufspolitikern auf die eine und andere Weise gerne anders dargestellt wird.

Insbesondere Bürger, die in einem abhängigen Beschäftigungsverhältnis stehen, sollen Beruf und Privatleben voneinander trennen.

Jeder Mensch ist ein Gesamtpaket. Alles an und in uns ist Eins, gehört zueinander. Mund, Nase, Augen, Ohren, Haut, Geschlechtsorgane, Arme, Beine, Muskeln, Knochen, Haare, Organe und natürlich das Gehirn.

Grundsätzlich streben wir stets nach Aufrichtigkeit und einer Gemeinschaft mit unseresgleichen.

Diejenigen, die den natürlichen Organismus – das wunderbare, vollständige Gefüge der menschlichen Natur – als etwas Teilbares darstellen möchten, beschäftigen sich kaum mit der Menschenwürde des Einzelnen.

Sie haben anderes im Sinne. Ihnen geht es zum Beispiel um effiziente Arbeitsabläufe, die möglichst widerspruchslos ausgeführt werden. Dabei auf Grundbedürfnisse zu achten und die Ganzheitlichkeit der Menschen ernst zu nehmen, bedeutet für sie, unnötigen Ballast mitzuführen.

Manchmal wird zum Ausdruck gebracht, dass die Psyche des Menschen nicht berechenbar sei. Dem muss ebenfalls klar und deutlich widersprochen werden.

Die Psyche (unser geistiges und emotionales Potential) ist keineswegs autonom und schon gar nicht unberechenbar.

Jede Entscheidung, die wir treffen, setzt sich prinzipiell aus der Summe der jeweiligen Erfahrungen und Kenntnisse zusammen. Sie bilden – in Verbindung mit den Grundbedürfnissen – die Basis für unser Denken und Handeln.

Gleichsam steht außer Frage, dass unsere Gedanken zu jeder Zeit durch unmittelbare Vorgänge beeinflusst werden. Wenn wir beispielsweise einen Sportunfall erleiden, wird unser Denken durch Schmerzen zunächst beeinträchtigt. Ähnliches geschieht im Zusammenhang mit den wichtigen Grundbedürfnissen, wenn sie keine Beachtung erhalten, denn auch dadurch ist unser Denken beengt.

Es ist unschwer festzustellen, dass äußere Einflüsse unsere Lebensqualität bestimmen.

Befinden wir uns einen längeren Zeitraum in einem Umfeld, in dem unsere Kreativität nicht angefordert oder nicht gewünscht wird, erschlafft das natürliche Streben nach Abwechslung und positiven Veränderungen.

Die damit entstehende Unzufriedenheit überträgt sich nach und nach auf andere Lebensbereiche – wie zum Beispiel auf die Kommunikation mit der Partnerin oder dem Partner, nicht zuletzt auf die Kinder.

Immer dann, wenn Grundbedürfnisse nicht ausreichend zur Kenntnis genommen werden, ob durch die Umgebung oder durch uns selbst, führt dies in kleinen Schritten dazu, den

klaren Blick auf die wesentlichen Vorgänge ganz allgemein
zu verlieren.

Das Grundgesetz – unsere Würde

Im deutschen Grundgesetz steht der uns allen bekannte
Artikel 1, Absatz 1: *Die Würde des Menschen ist unantastbar. Sie zu achten und zu schützen ist Verpflichtung
aller staatlichen Gewalt.*
Danach folgt Absatz 2: *Das Deutsche Volk bekennt sich
darum zu unverletzlichen und unveräußerlichen Menschenrechten als Grundlage jeder menschlichen Gemeinschaft,
des Friedens und der Gerechtigkeit in der Welt.*

Ist es nicht aber so, dass die Menschenwürde vieler Bürger
in Deutschland auf die eine und andere Weise beinahe täglich verletzt wird?
Und tragen nicht überwiegend Berufspolitiker, ihre Berater
und die ausführenden Behörden die Verantwortung dafür?
Sind nicht gerade sie es, die widersprüchliche Gesellschaftsstrukturen schufen, etablierten und aufrechterhalten?
In fast allen Ländern dieser Welt geschieht das Gleiche.

Der Absatz 1 des Artikel 1 beinhaltet das Wort
unantastbar

Wenn wir dazu die Gesellschaftsverhältnisse in Deutschland genauer betrachten, muss uns dieses Wort doch im

Halse stecken bleiben.

Deshalb bin ich der verstärkten Meinung, dass dieses starke Adjektiv von den Gestaltern des Grundgesetzes bewusst gewählt wurde, um den Bürgern unterschwellig den Anschein zu vermitteln, die Regierung und ihre Parlamentarier würden die Menschenwürde achten und schützen, was aber in sehr vielen Fällen eben nicht zutrifft!

Im Absatz 2 des Artikel 1 finden wir dann gleich am Satzanfang die Formulierung: *Das Deutsche Volk bekennt sich darum zu unverletzlichen und unveräußerlichen Menschenrechten ...*

Warum steht an dieser Stelle nicht – *Das Deutsche Volk und die Deutsche Regierung bekennen sich -oder- Alle deutschen Staatsangehörigen bekennen sich ...?*

Da die Regierung sich nicht genannt hat, ist davon auszugehen, dass sie sich im Ernstfall der Verantwortung entziehen will – und genau dies ist regelmäßig längst der Fall.

Ich zitiere und beschreibe einen Artikel aus dem Grundgesetzbuch, der unter der Überschrift *Konvention zum Schutz der Menschenrechte und Grundfreiheiten* zu finden ist. Zuletzt wurde diese Konvention <u>im Juni 2010</u> überarbeitet.

Es geht dabei um **den Artikel 2** – Recht auf Leben, **Absatz 1 und 2** b und c.

Absatz 1: *Das Recht jedes Menschen auf Leben wird gesetzlich geschützt. Niemand darf absichtlich getötet werden, außer durch Vollstreckung eines Todesurteils, das ein Gericht wegen eines Verbrechens verhängt hat, für das die Todesstrafe gesetzlich vorgesehen ist.*

Auch in diesem Satz fallen zwei Inhalte besonders auf:

Zum einen heißt es – *das Recht jedes Menschen auf Leben.*

Darin steht nicht – *das Recht jedes Menschen auf ein Leben in Würde.*

Zum anderen wird von der *Vollstreckung eines Todesurteils* geschrieben.

Es geht hierbei um die Europäischen Menschenrechtskonventionen, die – wie bereits erwähnt – erst im Jahre 2010 verändert wurden. Gibt es denn in Europa ein Land, in dem die Todesstrafe noch praktiziert wird? Was also ist der Grund, solch einen Text zu verwenden?

Halten sich die Vertreter der europäischen Länder damit ein Hintertürchen offen – für den Fall, dass sie die Todesstrafe wieder einführen? Oder geht es nur darum, die Bürger, welche diese Konventionen lesen, in eine Haltung der Demut zu versetzen? Vielleicht soll damit die ganze Macht der Regierungen gezeigt werden ...

Absatz 2: *Eine Tötung wird nicht als Verletzung dieses Artikels betrachtet, wenn sie durch Gewaltanwendung verursacht wird, die unbedingt erforderlich ist, um ... – es folgen Unterpunkte:*

Unterpunkt b) *... jemanden rechtmäßig festzunehmen oder jemanden, dem die Freiheit rechtmäßig entzogen ist, an der Flucht zu hindern.*

Diese Ausführungen sind kaum zu glauben, denn hier steht undifferenziert beschrieben, dass ein Bürger, der in Gewahrsam genommen werden soll, sich aber dieser Festnahme durch Flucht entziehen will, getötet werden kann, und dies ohne Folgen für die jeweils Verantwortlichen.

Unterpunkt c) *... einen Aufruhr oder Aufstand rechtmäßig niederzuschlagen.*

Der Inhalt dieses Unterpunktes in Verbindung mit dem Text des 2. Absatzes bringt unmissverständlich und pauschal zum Ausdruck, dass Bürger, die sich zum Beispiel auf der Straße versammeln, um ihren Unmut gegenüber der Regierung und deren Gesetze kund zu tun, getötet werden können. Diese unerhörte Formulierung bleibt nach dem Gesetzestext ebenfalls ohne Folgen für die Ausführenden und diejenigen, die das Töten konkret anordneten oder auf eine Weise Befehle erließen, die das Töten von Demonstranten/Bürgern indirekt als letzte Möglichkeit für die Auflösung einer Demonstration beinhalten.

In folgender Ausführung wird ein weiteres Mal ersichtlich, dass es den Berufspolitikern und ihren Beratern nicht wirklich um uns Bürger geht.

Unter der Überschrift *Grundrechte: Leitbild des freien Menschen* (im Grundgesetzbuch) steht gleich im 1. Absatz der bemerkenswerte Text:

Die Pflicht, die Menschenwürde zu achten und zu schützen darf nicht missverstanden werden als Auftrag an den Staat, jedem Menschen ein gutes Leben zu garantieren. Das Menschenbild unserer Verfassung ist von der Vorstellung bestimmt, dass die Definition von Glück Sache der Menschen ist und dass sie in einer freien und offenen Gesellschaft sich selbst die Mittel beschaffen, um gut zu leben.

Der Mensch ist eine mit der Fähigkeit zu eigenverantwortlicher Lebensgestaltung begabte Persönlichkeit.

Wer sich mit den vielen Missständen beschäftigt, die alleine in Deutschland offenkundig sind, muss beim Lesen dieses genannten Gesetzestextes sicher tief Luft holen, um die starke Unverfrorenheit solcher Darstellungen ertragen zu können.

In den ersten Zeilen kann nicht überlesen werden, dass die Regierung bislang keine Verantwortung für das Beachten der Würde gegenüber uns Bürgern übernehmen will.

In der Tat – dies müssen zahlreiche Mitbürger schon seit langer Zeit erdulden.

Als nächstes wird dann von *Glück* geschrieben, und dass wir die Verantwortung dafür letztlich selbst tragen ...

Solange das tatsächliche Schützen der Menschenwürde nicht für alle Bürger oberste Priorität erhält, ist es höchst unseriös, von einem selbstbestimmten Glück zu sprechen oder zu schreiben!

Um das Glücklichsein über einen längeren Zeitraum wirklich zu erleben, braucht es das positive Zusammenwirken vieler Faktoren. Wer etwas genauer darüber nachdenkt, wird zu derselben Erkenntnis gelangen.

In zahlreichen Unternehmen wird keinerlei Rücksicht auf wichtige, menschliche Eigenschaften genommen.

Als Mitarbeiter hast du in aller Regel keinen Einfluss auf die meist bedrückenden Firmenphilosophien.

Einige, die es versuchen, werden am Ende oft von Vorgesetzten oder dem Chef gemobbt oder erhalten mit fadenscheinigen Gründen ihre Kündigung.

Mittel- und langfristig gesehen, ist es aber notwendig, dass Mitarbeiter sich einmischen und das Beachten ihrer Würde fordern!

Nicht anders ist es mit dem Lohn, den Bürger für ihre Leistung bekommen – denn dieser ist überwiegend viel zu niedrig, stellt man die hohen Lebenshaltungskosten direkt gegenüber. Die Mehrheit lässt dies meist über sich ergehen.

Zudem stecken wir innerhalb eines Gesellschaftssystems fest, das mit starren Hierarchien, einem überdimensionalen Bürokratismus und einer nicht enden wollenden Gesetzesflut dafür sorgt, dass wir Bürger uns beinahe täglich innerhalb eines Hamsterrades befinden, aus dem bisher nur die Wenigsten entkommen.

Des Weiteren ist in diesem vorgenannten, sonderbaren Gesetzestext zu lesen, *dass wir Bürger uns die Mittel für ein gutes Leben selbst beschaffen können* ...

Beim Lesen dieses Satzes wird überdeutlich, wie eine „geschickte" Rhetorik den gesunden Menschenverstand subtil außer Kraft setzen will.

Denn sein Inhalt hat nur eines im Sinne: Uns Bürger soweit zu manipulieren, dass wir mehr oder minder auf Biegen und Brechen Leistung bringen, und dies möglichst widerspruchslos.

Auf diese unnatürliche Weise werden die allermeisten unter uns immer wieder zu gefügsamen, ausführenden Dienern.

Die Mehrheit der Bürger ist von einem freien Leben, wie es in diesem *Leitbild des freien Menschen* täuschend formuliert wurde, noch sehr weit entfernt!

In diesem Zusammenhang braucht es die nötige Einsicht, dass es bereits von Natur aus zu den menschenspezifischen Eigenschaften gehört, eine sinnvolle Beschäftigung auszuüben, die unstreitig in enger Verbindung mit unseren Grundbedürfnissen steht.

Mit dieser Lebensperspektive werden wir Menschen alle notwendigen, wirklich bereichernden Tätigkeiten stets mit Wohlwollen tun.

Das etablierte, sogenannte Leistungsprinzip, mit allen seinen beengenden Gesetzen, einseitig gestalteten Arbeitsverträgen und Hierarchien – deren einschüchternde Wirkung ganz bewusst in unser tägliches Dasein integriert wurde – ist daher nichts weiter, als ein perfides Fangnetz, um uns Bürger jederzeit an der Angel halten zu können.
Es ist deshalb mehr als angebracht, dass wir uns endlich dazu durchringen, die Regierung mit ihrer aufgeblasenen Administration nicht weiter als den über alles stehenden *Staat* anzusehen, sondern nur als einen Teil des Ganzen.
Der herbeigeführte, widrige Abstand zum Volk lässt es leicht werden, beengende Regeln und Zwänge zweckdienlich zu nutzen.
Das Wort -Staat- und die damit verbundene, staatliche Willkür bekräftigen diese Distanz auf ihre Art.

Das bisherige Abheben in der Form eines in vielen Bereichen nahezu oligarchisch geführten Staatsapparates, der weit über dem Volke steht und ausgeprägt vor allem für sich selbst wirkt, widerspricht einer natürlichen, menschlichen Gemeinschaft völlig. Und dies findet eben nicht nur in anderen Staaten dieser Welt statt, sondern gerade auch in Deutschland und seinen Nachbarländern.

„Der Mensch ist frei geboren,
und überall liegt er in Ketten.“

Jean-Jacques-Rousseau 1712-1778
Schriftsteller

Es geht immer um unsere Würde

Ganz im Sinne einer menschlicheren Zukunft muss es das Anliegen von uns allen sein, schlichte Wahrhaftigkeit als stabile Basis für ein Leben in Würde ernst zu nehmen.
Nicht nur für uns selbst – auch für alle Kinder.

Wahrhaftigkeit ist das, was wir nicht einfach von der Stange kaufen können.
Sie nährt sich aus dem stetigen Bestreben nach Wahrheit in allen Bereichen. Achten wir nicht darauf, verlieren wir den Blick für das Wesentliche. Letzteres ist leider bei vielen Menschen längst geschehen, gerade bei Personen, die sich in verantwortlichen Positionen befinden.
Wenn moralische Werte nur halbherzig gelebt werden, lassen schädigende Folgen nicht lange auf sich warten.

Wo bleibt der unbedingte Wille, eine Welt zu organisieren, in der die Würde jedes Menschen in allen Lebensbereichen tatsächlich oberste Priorität hat?
Fast täglich erleben wir zwischen den meisten von uns zu große Distanz und Unsicherheit. Misstrauen, Missgunst, Ausgrenzung, Einsamkeit, Armut, Verwahrlosung, Gewalt-

taten jeglichen Ausmaßes und Kriege an vielen Orten dieser Welt sind unübersehbare Zeugen weltweiter, unnatürlicher Denk- und Verhaltensweisen.

In diesem Durcheinander, das fast überall zugegen ist, auch tief im Inneren zahlreicher Menschen, fallen die beträchtlichen Wesensmerkmale unserer Spezies hinab in die Bedeutungslosigkeit.

Ein Leben im Hin- und Hergerissensein – auf der „treibenden" Suche nach Kompensierung der konstruierten, gesellschaftlichen Leere – ist für einen größeren Teil der Bevölkerung schon beinahe selbstverständlich ...

Wie ist es bei dir liebe Leserin, lieber Leser?

Du fühlst dich keineswegs hin- und hergerissen?

Weshalb bist du dann des Öfteren so abgespannt und wünscht dir mehr Ruhe?

Warum fällt es dir manchmal schwer, deine Gedanken zu sortieren?

Was ist es, dass dich in deinem stillen Kämmerlein von Zeit zu Zeit Hoffnungslosigkeit verspüren lässt?

Auch die Missgunst, die hin und wieder gegenüber einigen Mitmenschen in dir hochsteigt, ist ein Zeichen dafür, dass die Grundbedürfnisse und deine Würde nicht im Mittelpunkt deines Seins stehen.

Ist es nicht so, dass du dich vor kurzem – als du mit der Straßenbahn oder dem Bus in der Stadt unterwegs warst – alleine fühltest, weil keiner mit dir sprach und du selbst nicht den Mut aufbrachtest, andere neben dir anzusprechen?

Du hast dabei einige Grundbedürfnisse unterdrückt, und die Anderen um dich herum taten dasselbe.

Wie war es denn, als du am Straßenrand auf das Umschalten der Ampel gewartet hast – kein Wort hast du mit deinen Mitmenschen gesprochen, und sie auch nicht mit dir.

Ihr habt euch gegenüber gestanden, kaum in die Augen gesehen und gleichzeitig gabt ihr euch desinteressiert, ganz so, als würde euch das Gegenüber nichts bedeuten.

Ja, ihr ward einsam in dieser Situation, und in vielen anderen seid ihr es auch.

Es darf uns nicht unberührt lassen, dass ein Teil unserer Mitbürger Tag ein und Tag aus körperliche Arbeit verrichtet und dennoch nur einen geringen Lohn dafür erhält!

Obendrein bekommen sie kaum Anerkennung, obwohl das tägliche Gesellschaftsleben ohne sie noch schwieriger wäre.

Denken wir dabei an Altenpflegerinnen und -pfleger, Krankenschwestern und -pfleger, Erzieher/innen, Bäcker/innen, Verkäufer/innen, Gastronomiemitarbeiter, Straßenbauer und Dachdecker.

Warum wird geistige Arbeit in aller Regel deutlich mehr anerkannt und demnach meist erheblich höher entlohnt?

Dieser markante Unterschied hat seine Ursprünge in der Erschaffung der starren Hierarchieebenen.

Die Wenigen, die sich über das Volk stellten – überwiegend mit Gewalt oder Heimtücke – scharten Personen um sich, die sie entsprechend privilegierten. Damit gelang es insbesondere dem früheren Adel, der bis zu den alten Römern und Ägyptern zurückreicht, seine persönlichen Wünsche und Ziele fast immer durchzusetzen.

Wer nicht in diese bevorzugten Kreise aufgenommen wurde, zum Beispiel aufgrund seiner Herkunft, war automatisch dazu verurteilt, ein Dasein voller Entbehrungen zu führen.
Auf andere hinabzusehen – sie für schwere Arbeiten schlecht zu bezahlen – galt als eine Errungenschaft des besseren Menschen.
Gleichzeitig ging es in vielen Fällen aber auch darum, die eigenen Minderwertigkeitskomplexe auszugleichen oder zu kaschieren, indem eben andere erniedrigt sein mussten.

Die sich daraus entwickelnde, starke, gesellschaftliche Unausgewogenheit wird in unserer Gegenwart aufrechterhalten als sei es etwas Natürliches.

Im Wesentlichen ist es
für die Menschheit fatal, dass der Mensch
sich auch würdeverletzenden Umständen
anpassen kann.

Was wären die Berufspolitiker, die Manager der Banken, Unternehmer und Wissenschaftler, gäbe es nicht Bürger, die sich plagen, um deren Häuser, Straßen, Brücken, Hotels, Industrie- und Bankgebäude, Theater und vieles mehr zu bauen?
Sie könnten nicht einmal in den Genuss kommen, in einem Restaurant bedient zu werden.
Diejenigen, die ihre Mitmenschen als zweit- und drittrangig behandeln, tragen mit ihrem missgünstigen Verhalten

maßgeblich dazu bei, dass es in der Gesellschaft immer wieder berechtigte Unruhen gibt.

Die meisten unter uns wurden dazu erzogen, eine Aufgabe, der kein herkömmliches Studium zugrunde liegt, nahezu als minderwertig zu bewerten.
Dementsprechend wird dann auch die Entlohnung gestaltet. Wer sich mit seiner geistigen Leistung für Mitmenschen engagiert, dazu zählen im besten Falle Ärzte, einige Wissenschaftler und Lehrer, soll selbstverständlich gut bezahlt werden. Dies muss aber auch für alle weiteren Berufe gültig sein – wie zum Beispiel für das Friseurhandwerk, die Müllentsorgung, bei Tätigkeiten in der Kanalisation sowie die Postangestellten im Außendienst.
Sie alle sorgen mit ihren wichtigen Dienstleistungen ebenfalls für das Wohl ihrer Mitbürger.

Was die Gehälter für verschiedenste Führungspositionen angeht, so heißt es im Allgemeinen oft, dass Verantwortung auch bezahlt werden muss. Grundsätzlich bezweifelt das auch niemand. Es ist allerdings keinesfalls in Ordnung, dass Führungskräfte bestimmter Firmen in zahlreichen Fällen gegenüber den Mitarbeitern das 20, 30 oder gar das 100 bis 200-fache an Vergütung bekommen!
Frank Appel, Chef der Post, die zum Nachteil der Bürger seit einigen Jahren eine Aktiengesellschaft ist, erhielt laut *handelsblatt.de vom 04.07.2018* die 232-fache Bezahlung.
Viele unter uns wissen, dass vor allem die Brief- und Paketzusteller in der Regel für wenig Lohn sehr hart arbeiten müssen. Von daher ist es alleine gegenüber diesen Mitarbeitern höchst respektlos, einen derartig überhöhten

Verdienst auszuzahlen bzw. anzunehmen!

Die Konzernvorstände der Firma VW sollen für das Jahr 2017 Einkünfte von insgesamt ca. 50 Millionen Euro erhalten haben.

Dabei ist wichtig, daran zu erinnern, dass diese Firma in den Jahren vor 2017 wahrscheinlich Manipulationen an Dieselmotoren vorgenommen hatte, die es zum Vorteil des Unternehmens möglich gemacht haben sollen, dass bei Abgastests weniger schädliche Abgase messbar waren.

Der Softwarehersteller SAP (System Anwendung und Produkte) mit Sitz in Walldorf/Baden-Württemberg, hat seinem Vorstandssprecher Bill McDermott 2017 sage und schreibe ca. 20 Millionen Euro an Gehalt und Zuwendungen gezahlt.

Die Mehrheit der größeren Unternehmen in Deutschland kann hohe bis sehr hohe Umsätze und Gewinne verzeichnen. Dennoch warten sie bei Gesprächen mit Mitarbeitern oder Gewerkschaften oftmals mit dem obligatorischen Argument auf, dass sie keinen besseren Lohn zahlen könnten, weil dieser eine zu große Belastung für die Firma sei.

Diese Darstellung entspricht kaum der Wahrheit.

Die Stundenlöhne vieler in herkömmlicher Beschäftigung tätiger Bürger müssten im Sinne eines sorgenfreieren Lebens um ca. 15 bis 20 % höher liegen – stellt man die jeweils aktuellen Lebenshaltungskosten direkt gegenüber.

Demnach ist unschwer erkennbar, dass die meisten Unternehmer kein wirkliches Interesse daran haben, ob es den Mitarbeitern insgesamt gut ergeht oder nicht, solange sie nur zum Dienst erscheinen und ihre Arbeit verrichten.

Wer bei solchen Unausgewogenheiten von einer gelebten Verantwortung der Führungsetagen spricht, lässt Objektivität vermissen.

Es darf nicht vergessen werden, dass die beklemmende, starke Abhängigkeit seitens der Bürger gegenüber Unternehmen gezielt herbeigeführt wurde.
Dies gilt gleichsam für den einseitig gestalteten Umstand, indem Firmenvertreter innerhalb der Firma mehr oder minder die alleinige Entscheidungsfreiheit für sich in Anspruch nehmen können.
Nur sehr vereinzelt finden sich Betriebe, die ihre Mitarbeiter tatsächlich an den Einnahmen beteiligen und Arbeitsbedingungen schaffen, die das Wohl der Beschäftigten ein wenig berücksichtigen. Letzteres ist natürlich noch immer nicht ausreichend, weiß man um die Vielzahl der Möglichkeiten, die bei gutem Willen umsetzbar wären.

Mit offenen Augen erkennen wir, dass alles miteinander zusammenhängt. *Was ist ein Patient ohne Arzt, und umgekehrt? Was wäre eine Regierung ohne Bürger? Zu welchem Zweck sollte es Manager und Vorgesetzte geben, wenn keine Mitarbeiter vorhanden wären? Wofür überhaupt müssten Führungskräfte nötig sein, gäbe es keine Bürger, die dies zunächst vertrauensvoll zulassen?*
Diese kausalen Verbindungen gilt es zu beachten, zu schätzen und zum Wohle aller zu regeln.
Demnach darf die Funktion der Verantwortung nicht beliebig als ultimatives Alibi gelten.
Mit Umsicht und Empathie ist es unzweifelhaft realisierbar, alles gerecht zu organisieren, damit jedem Menschen

ein Leben in Würde möglich gemacht werden kann.

Unsere Menschenwürde wird auch in dem Moment verletzt, wo über den Köpfen von uns Bürgern hinweg Entscheidungen gefällt werden.

Ein gravierendes Beispiel ist das benachteiligende „Rentensystem".

Berufspolitiker, einige Wissenschaftler und einzelne Konzernchefs lassen regelmäßig verlauten, dass wir Bürger bezüglich der herkömmlichen, abhängigen Beschäftigungen in Firmen länger arbeiten sollen. Zunächst wurde festgelegt, dass wir Bürger bis 65 Jahren tätig sein müssen, um die volle Rente (Altersruhegeld) zu erhalten.

Dann verkündeten diese distanzierten Lehnsherren bzw. Entscheidungsträger, dass die Menschen nun älter werden, weshalb sie auch bis zum 67. Lebensjahr arbeiten könnten.

Und schließlich finden sie immer wieder fadenscheinige Gründe, um uns Bürger in kleinen aber offensichtlichen Schritten daran zu gewöhnen, erst im Alter von 70 Jahren ein Recht auf das Altersruhegeld (ohne Abzüge) zu haben.

Wozu ließen sich einige Menschen manipulieren, wenn sie es als normal ansehen, ihre Mitmenschen noch bis ins hohe Alter unter Druck zu setzen?

Welche bürgerfremden Inhalte hat man diesen Berufspolitikern und Wirtschaftsvertretern beigebracht, damit sie derartig bedrückende Gesetze beschließen?

Wurde ihnen das Nachdenken über die menschliche Würde – hinsichtlich uns Bürgern – mit dem Universitätsabschluss hinter vorgehaltener Hand verboten?

Leider müssen wir davon ausgehen, dass diese Vermutung nicht allzu weit von der Wahrheit entfernt ist.

Mit Arbeit
und Sozialversicherung gefesselt

Die sogenannten -Sozialversicherungen- gibt es jetzt seit Ende des 19. Jahrhunderts – also noch gar nicht so lange.

Entstanden sind sie durch das beharrliche Aufbegehren zahlreicher Bürger, die sich gegen die drastischen, sozialen Unausgewogenheiten im Land immer wieder lautstark aussprachen.

Auch der damaligen Regierung in Deutschland war das Erhalten ihrer elitären Positionen und überproportionalen Privilegien wichtiger als das Wohl des Volkes.

Es war deshalb keineswegs der gute Wille von Berufspolitikern, wahrheitsgemäße, wirkliche Verbesserungen einzuführen. Die aufbegehrende Entschlossenheit von Bürgern war es, die das Handeln einforderte.

Die Gestaltung des neuen Programms, das den Decknamen *Sozialversicherung* erhielt, musste auf eine Weise vollzogen werden, welche die Bevölkerung erneut in Abhängigkeitsverhältnisse steuerte. Ein weiteres Mal wurde *das Arbeiten* des „einfachen" Volkes zur strengen Fessel.

Der Schlüssel, damit dieser Trick unbemerkt funktionierte, fand sich in perfiden Arbeits- und Gesetzesregularien. Wer sich als „Normalbürger" den einseitig auferlegten Pflichten von Behörden und Industriebefürwortern nicht beugte, durfte nur mit sehr geringen, austrocknenden Almosen durch die Sozialversicherungen rechnen.

Rentenformel?

Die noch immer bestehende Rentenformel
ist bürgerbenachteiligend.

Wir Bürger sind kein -Börsenkurs-!

EP = Entgeltpunkte
ZF = Zugangsfaktor
RAF = Rentenartfaktor
ARW = Aktueller Rentenwert

EP x ZF x RAF x ARW = Rente

Statt dieser muss eine Mindestrente (Mindestaltersruhegeld) nach dem Durchschnitt der tatsächlichen, allgemeinen Lebenshaltungskosten zum Vorteil von uns Bürgern berechnet werden – <u>nicht</u> nach Lohn und Jahren – denn diese sind in aller Regel nicht selbstbestimmt!
Diese Forderung stelle ich in Verbindung mit unserem Verein ...mensch bleib Mensch! bereits seit April 2018.
Zwei Briefe, beinahe 1000 Unterschriften und ein entsprechendes *Konzept* wurden 2018 von uns an das Bundesministerium für Arbeit und Soziales geschickt. Daraufhin kam es 2019 in Berlin zu einem Gespräch mit Herrn Staatssekretär Schmachtenberg – mit dem Ergebnis, dass das bestehende Rentensystem damals nicht wirklich diskutiert wurde.

Aufgrund dieser Rentenformel existiert in der Bevölkerung seit langem der feste Glaube, dass wir möglichst lange in einem Beschäftigungsverhältnis arbeiten müssen, damit genug Geld für die Rente vorhanden ist. Dieses unredliche Prinzip wird kontinuierlich ganz selbstverständlich weitergeführt.
Doch an Geld fehlt es keineswegs!
Von der nicht allzu lange zurückliegenden, herrischen Unterdrückung durch den Adel, geradewegs wieder in eine subtilere, kleinhaltende Begrenztheit der Entfaltungsmöglichkeiten.
Die selbsternannte Elite hatte ihre Hausaufgaben gemacht, um ihre weitverzweigten Einflusspositionen und die daraus resultierenden, üppigen Vorteile zu erhalten.

Unsere Mitbürger in der ganzen Welt wurden bereits Jahrhunderte zuvor mit List und Gewalt zu Frondiensten gezwungen. Den jeweiligen Herrschern oder Gutsbesitzern war die persönliche Weiterentwicklung ihrer Leibeigenen oder ihrer Dienerschaft egal – wichtig war nur, dass sie das taten, was man von ihnen erwartete.
Eine Bezahlung gab es in der Regel nicht. Karges Essen und eine Holzpritsche oder gar nur Stroh mussten zum Schlafen genügen.
Taler, Münzen oder Goldstücke, die dazu beitrugen, den Tauschhandel nach und nach zu beenden, befanden sich lange nur in den Händen der oberen Schicht, die damit ihre Geschäfte durchführte.
Mit der Zeit jedoch, kam es immer wieder zu Auseinandersetzungen, weil die zunächst eingeschüchterten, arbeitenden Bürger ihr Schicksal mehr und mehr hinterfragten.

Nach weiteren Perioden der Schmach und des entsetzlichen Leids erhoben sich die Gepeinigten.

Viele von ihnen galten fortan als Freiwild und wurden mit brutalsten Mitteln bekämpft, eingesperrt oder getötet.

Dann kam der Zeitpunkt, ab dem Gewalt zunehmend verurteilt wurde. Den Unterdrückern – dazu gehörten Adelsangehörige genauso wie Berufspolitiker, sogenannte Großgrundbesitzer und etwas später einige reiche Firmeneigentümer – gingen teilweise die Methoden aus, Bürger auf die Seite zu schieben. Also erschufen sie und ihre Nachfolgegeneration Schritt für Schritt ein Geldsystem, mit dem sie die Bevölkerung größtenteils auch ohne sichtbare Gewalt am Boden festhalten können.

Sie selbst bereichern sich mit Hilfe dieser Geldregelung in einem verwerflichen Übermaß!

Wir Menschen sind nicht in diese Welt gekommen, um überwiegend zu arbeiten, sondern, um im besten Sinne in Würde zu leben!

Deshalb ist es unabdingbar, dass Unternehmensstrukturen in einer menschlich zugewandten Form organisiert werden, die dem Bürger den wesentlichen Teil seiner Lebenszeit und -energie zur Verfügung lässt! Dies ohne einengende Bedingungen!

Wenn Musiker und Kunstmaler ihrer Berufung mit ganzem Herzen folgen können, schöpfen sie letztlich noch nach mehreren Stunden am Tage positive Energie daraus.

Der Großteil unter uns Bürgern aber, muss überwiegend in kräfteraubenden Verhältnissen arbeiten, die für das Natür-

liche in uns Menschen kaum oder gar keinen Platz lassen!
Nur in den seltensten Fällen schafft es ein Normalbürger,
sich dem herkömmlichen Beschäftigungsprozedere zu entziehen, um seinen tatsächlichen Stärken und Begabungen
die nötige Aufmerksamkeit zu schenken.

Die Allermeisten unter uns erhalten nicht genug Zuspruch
und Unterstützung, geht es darum, der positiven, persönlichen Weiterentwicklung ausreichend Freiraum einzuräumen. Die wertvollen Potentiale, die wir alle in uns tragen, verwelken – bis Apathie den Platz von Wissbegierde,
Lebensfreude und Tatendrang einnimmt.
Nun, dieser negative, unmenschliche Kreislauf wird stetig
aufs Neue in Gang gebracht – mit dem Ziel, das altbe-
währte Gefüge zu belassen und zu bekräftigen.

Die Mehrzahl von uns Bürgern ist soweit manipuliert, dass
sie Lebensverhältnisse in Kauf nimmt, die auf unterschiedlichste Weise Belastungen, Sorgen und Not mit sich bringen.

Machen wir endlich Schluss mit überflüssiger Fabrikarbeit,
bei der unzählige Mitmenschen eine monotone, oft gesundheitsschädliche Arbeit ausführen müssen, nur damit
wenige Personen ein Leben in überdimensionalem Luxus
führen können. Dies gilt genauso für Nachtarbeit, die an
zahlreichen Stellen ebenso unnötig ist.
Gerade ein Teil der großen Konzerne pocht rücksichtslos
auf Nachtschichten. Hierbei wird deutlich sichtbar, dass
die Gesundheit des Bürgers nur eine untergeordnete Rolle
spielt!

Viele Bereiche der sogenannten Wirtschaft wurden über die Maßen aufgebläht, sodass Grundbedürfnisse und soziale Anliegen der Bevölkerung nur als notwendiges Übel betrachtet werden.

Wir befinden uns – schlicht und einfach ausgedrückt – in einer verkehrt organisierten Welt!
Als Leserin oder Leser dieser Zeilen siehst du das Beschriebene vielleicht etwas anders. Eventuell beschäftigt dich zuerst die Frage nach den Arbeitsplätzen?
Sollten wir stattdessen nicht immer vorrangig die Frage nach unserer Gesundheit und die unserer Mitbürger stellen?
Ja, jeder Mensch braucht eine Beschäftigung.
Dieser Tatendrang wie auch das Verlangen nach mentaler Förderung sind allerdings schon bei unserer Geburt in uns vorhanden. Demzufolge ist der tatsächliche Nutzen einer Arbeit und die Bedingungen, bei welchen wir diese verrichten, von ausschlaggebender Bedeutung.
Beispielsweise wäre es für uns alle förderlich, würden größtenteils nur die Produkte hergestellt, die wir tatsächlich brauchen.
Eine schier unzählige Menge an Gütern wird nur deshalb produziert, damit Wenige möglichst viel Gewinne und Privilegien erhalten – doch auch dazu, um uns Bürger zu beschäftigen bzw. abzulenken – von unsoliden Vorgängen, die erst bei genauerem Hinsehen erkennbar werden.

Liebe Leserin, lieber Leser,
hast du dir in Verbindung mit den Grundbedürfnissen schon einmal ernsthafte Gedanken über deine Mitmenschen ge-

macht? Ist dir bewusst, dass zahlreiche Bürger nur aufgrund der jeweiligen Arbeitsverhältnisse schwer erkranken? Die prekären Zustände in vielen Unternehmen, welche die Vergangenheit unzähliger Menschen prägten, werden in unserer heutigen Zeit mit etwas abgemilderten Methoden weiterhin praktiziert.

Einschränkende Normen und Gesetze, die dem Volke auferlegt wurden sowie gewinn- und machtorientierte Firmenphilosophien, drängen viele Bürger in eine ständig präsente Zwangslage, mit dem berechneten Ziel, sie zum Bittsteller auf Lebenszeit zu machen.

Warum erleiden so viele Menschen einen Herzinfarkt oder Schlaganfall? Glaubst du wirklich, dass Depressionen nur eine Erbkrankheit sind? Weshalb nehmen sich alleine in Deutschland <u>jedes Jahr</u> ca. 10 000 Bürger das Leben?

Wieso begehen <u>jährlich</u> ca. 100 000 von uns einen Suizidversuch?

Krankheiten entstehen oft nicht einfach so.

In den meisten Fällen werden die wahren Ursachen für diese sehr traurigen Umstände nicht veröffentlicht.

Dabei müssen wir leider davon ausgehen, dass es deutlich mehr Bürgern schlecht ergeht – im Verborgenen.

Und die Hauptursache dieser äußerst desolaten Hergänge liegt in der kranken Grundstruktur der Gesellschaft!

Nein, Menschen werden in aller Regel nicht einfach psychisch krank. Es gibt dafür aufzeigbare Gründe, die nach und nach zu einer Erkrankung oder tiefster Unzufriedenheit führen.

Heute, da wir über sieben Milliarden Menschen auf dieser Erde zählen, sind die bedrückenden, von Unreife geprägten Verhaltensweisen, nicht in der selben Form sichtbar, wie in früheren Epochen – als unsere Vorfahren gekreuzigt, verbrannt, zu Tode gefoltert oder den Tieren zum Fraß vorgeworfen wurden.

Jeder der frei war, freier dachte, konnte eine Gefahr für Macht und Reichtum sein.

Neben den abscheulichen Verbrechen, durch deren Anwendung Menschen zu Tode gebracht wurden, waren unsere damaligen Mitbürger auch regelmäßigen Erpressungen ausgesetzt, indem ihnen zum Beispiel das Beschaffen von Nahrung versagt blieb. Zu dem Land, auf dem sie Getreide und Gemüse anbauten, hatten sie plötzlich keinen Zugang mehr.

Mit Polizei und Armee war es möglich, den Willen der selbsternannten Kaiser, Päpste, Fürsten, Kalifen, Gouverneure, Generäle, Schlossherren, Gutsbesitzer und weiterer, privilegierter Amtsinhaber durchzusetzen – oft mit brachialen Mitteln.

Und wie ist es heute?
Immer noch werden einige Milliarden Bürger überall in der Welt unterdrückt. Ausgrenzung und Armut werden beinahe überall stets aufs Neue praktiziert und erzeugt. Viele müssen nur deshalb hungern und an Wassermangel leiden, weil es parteipolitischen Zwecken und einflussfördernden Beziehungen dienlich ist.

Würde es die willkürlich herbeigeführte Armut und den gezielt erzeugten, grauenhaften Nahrungsmangel nicht geben, gäbe es eine Vielzahl von Menschen, die am natürlichen

Reichtum unserer Erde teilhaben könnten.

Das allerdings wird bisher mit allen Mitteln verhindert!

Gäbe es die drastischen Unrechtshandlungen nicht, müsste es auch die inzwischen unzähligen Organisationen und ihre mehrheitlich ehrenamtlichen Mitarbeiter nicht geben, die sich für die vom Hunger, Durst und Krankheiten gezeichneten Bürger einsetzen.

Was täten all diese Menschen, wenn sie nicht unaufhörlich Hilfe leisten könnten? Wäre der Sinn ihres Lebens nicht mehr gegeben?

Gerade auch an diesem Punkt muss es für uns wichtig sein, größer zu denken.

Befänden wir uns in einer deutlich menschlicheren Welt, hätten die zahlreichen Helfer, Menschenrechtsaktivisten, Ärzte, Krankenschwestern und -pfleger sowie Ordensschwestern – die sich der Hilfe von notgeplagten Bürgern verschrieben haben – erheblich mehr Lebenszeit für sich selbst zur Verfügung.

Sie könnten dann insgesamt ein vielfältigeres Dasein führen und zum Beispiel ihrer persönlichen Kreativität mehr Freiraum zukommen lassen, sich unterschiedlichen Künsten widmen oder bei der allgemeinen, sozialen Gestaltung der Gesellschaft mitwirken. Und vor allem wären sie besser in der Lage, verstärkt Einfluss auf politische und wirtschaftliche Entscheidungen zu nehmen.

All das ist diesen hilfsbereiten, mutigen und fleißigen Bürgern bzw. Helfern nur bedingt möglich, da sie ja den Hauptteil ihrer Lebenszeit für die direkte Hilfe an Menschen einsetzen.

Kein einziger Mensch in dieser Welt müsste an Hunger und Wassermangel leiden!

Dass dennoch jährlich zahlreiche Mitbürger daran sterben, ist eines der schlimmsten Vergehen der menschlichen Geschichte!

Vielleicht sollen die unverkennbare Armut und das bestürzende Leiden der betroffenen Menschen auch deshalb weiterbestehen, damit sie gegenüber dem Großteil der Bevölkerungen als ständige Warnung dienen – nach dem Motto: *Sei mit dem zufrieden was du hast, denn es könnte dir noch schlechter ergehen.*
Unser Bestreben nach Freiheit und Wohlergehen soll damit eingeschüchtert werden.

Solange wir uns als Bürger immer wieder mit Unrecht abfinden, weil wir der Ansicht sind, dass es uns dennoch einigermaßen gut geht, erzielen die jeweiligen Verursacher mit ihren kalkulierten, abscheulichen Methoden fortdauernd die gewünschten Ergebnisse.

"Die Früchte der Erde
sollten allen gehören.

Die Erde sollte
niemandem gehören."

Jean-Jacques-Rousseau 1712-1778
Schriftsteller

Die besten medizinischen Erkenntnisse, die begabtesten Ärzte und wirkungsvollsten Heilmittel kommen in der Regel nur denjenigen zugute, welche bestimmte, einflussreiche Positionen und ein sehr hohes, finanzielles Einkommen für sich in Anspruch nehmen können.

Die Menschenwürde aller anderen Bürger ist auch diesbezüglich einer sehr schmerzlichen Geringschätzung ausgesetzt.

Außerdem haben wir ganz allgemein nicht genug Ärzte.

Die Ursache dafür liegt ein weiteres Mal in der starken Unausgewogenheit der Bildungsförderung.

Zu wenige junge Bürger werden an die Medizin herangeführt. Dies lässt klare Rückschlüsse auf eine überwiegend machtsichernde Politik ziehen.

Nicht zuletzt resultiert der erhebliche Mangel an Nachwuchskräften im medizinischen Bereich auch aus der viel zu geringen Entlohnung in den ersten Jahren nach dem Studium. Zudem wird bereits mit dem sogenannten -Numerus Clausus- dafür gesorgt, dass nur eine bestimmte Anzahl von Schülern studieren kann. Dabei werden für das Fach der Humanmedizin Abitur-Durchschnittsnoten von 1,1 bis 1,4 – je nach Bundesland – vorrausgesetzt.

Mit derartig hoch angesetzten Anforderungen brauchen wir uns nicht zu wundern, dass es zu wenige Ärzte gibt.

In diesem Zusammenhang sollten wir nicht vergessen, dass schulische Spitzenleistungen keineswegs ein Garant für wirklich gute Dienste am Menschen sind.

Ein weiterer, unüberhörbarer Beweis, dass auf unserer Menschenwürde täglich herumgetrampelt wird, ist die ständige Diskussion über die sogenannte Zwei-Klassen-Gesellschaft oder den „Schichten.

Genauer betrachtet geht es dabei um eine zielgerichtete Spaltung der Bevölkerung.

Das Volk ist es nicht, das daran festhält – es beugt sich jedoch dem Diktat der Obrigkeit und deren „schützenden" Hierarchien, zumindest noch ...

Eine offizielle Teilung der Gesellschaft – in eine Unter-, Mittel- und Oberschicht, parteipolitische Abgeordnete, Akademiker, Beamte, Reiche, Superreiche, Arme, Arbeiter, Leiharbeiter, obdach- und wohnungslose Bürger – zeigt sehr deutlich, wie menschlicher Gemeinschaftssinn gezielt außer Kraft gesetzt wurde und wird.

Unsere Würde im Abseits

Ganz generell wurden wir Menschen dazu herangezogen, erzeugtes Leid – beispielsweise durch die arrangierten Kriege verursacht – als unvermeidbar anzusehen und anzunehmen.

So ist es auch mit den wirtschaftlichen Verhältnissen und Interessen, die als wichtigster Maßstab für eine Gesellschaft dargestellt werden. Dazu wird den Völkern und ihren Bürgern glaubhaft gemacht, dass ausschließlich Kaiser, Könige, bestimmte Religionsführer, Wissenschaftler, Unternehmensvertreter und politische Parteien das Recht zustehen muss, wichtige Entscheidungen zu fällen und Gesetze zu erlassen.

Unausgesprochen, aber doch allgegenwärtig, sei das Universitätsstudium ein Zeichen des besseren Menschen.

Regelmäßig wird verkündet, dass es wichtig wäre, Religionen als moralische Wegweiser zu schätzen. Noch immer sollen wir Männer als Jäger einstufen und jugendliche Verworrenheit – die erst aufgrund der beengenden Normen und aufgesetzten Etikette entsteht – lediglich als pubertäres Verhalten bewerten.

Gleichzeitig sei der wirtschaftliche Wettbewerb das einzige Mittel, um gerechte Lebenshaltungskosten zu gewährleisten – deshalb würde es nötig sein, ihn, den „Wettbewerb", walten zu lassen. Zusätzlich wurde der Großteil von uns auch insoweit manipuliert, den sogenannten Rassismus undifferenziert als Urheber für zahlreiche Gewalttaten anzusehen. Die konkrete, ernstgemeinte Frage nach dem Dahinter wird eigentlich nie gestellt. Denn – die Herkunft eines Menschen ist in aller Regel nicht der ursächliche Grund für missgünstige Handlungen.

Bereits in den Schulen werden unsere Gedanken darauf eingestimmt, Denkmäler von privilegierten Personen, prunkbeladene Schlösser und Kirchen, weitere Luxusgebäude, überdimensionale Hochhäuser, naturschädigende Autobahnen und riesige Sportstätten als kulturelles Gut wahrzunehmen.

All das wird immer wieder als „nützlich" dargestellt, um stets das Bild einer gut geführten Weltordnung zu vermitteln – was sie aber nicht ist!

Dort, wo die Menschenwürde zahlreicher Bürger kontinuierlich missachtet/verletzt wird, ist es nur eine Frage der

Zeit, wann daraus ein offenes, allgemeines Aufstehen gegenüber den jeweils Verantwortlichen beginnt.

In der Regel dauert es allerdings viel zu lange, bis die Betroffenen und ihre Gleichgesinnten wirksam aufbegehren, jedenfalls trifft dies auf ca. 90 % der Bevölkerung zu.

Das hat zur Folge, dass die unnahbaren Funktionäre mit ihren chauvinistischen Lebensphilosophien (Einzelne ausgenommen) immer wieder recht gelassen wiederholend an der Umsetzung einschüchtender Rahmenbedingungen arbeiten können ...

In diesem Zusammenhang ist es eigentlich unglaublich, dass ein großer Teil aller Menschen in Mitteleuropa und Amerika fast tatenlos mitverfolgt, wie Unseresgleichen in anderen Ländern – zum Beispiel in China, Asien, Nordkorea, Staaten Afrikas, Gebieten Südamerikas und zum Teil in Russland eine noch schmerzlichere Demütigung durchleben müssen. Seit 2020 gehört nun auch Australien zu den Ländern, wo die Bevölkerung stark unterdrückt wird.

Sobald wir aber auf die Missstände in Deutschland blicken stellen wir fest, dass sich viele unter uns selbst hier nicht dazu aufgerufen fühlen, ein stärkeres, soziales Engagement in die Praxis umzusetzen.

Es darf nicht verschwiegen werden, dass auch gegen Obdach- und Wohnungslosigkeit letztlich noch viel zu wenig getan wird. Beispielsweise braucht es dringend ein effektives Gesetz, das der Privatsphäre jedes Bürgers ausreichend Platz und Schutz gewährleistet!

Dazu muss die Zivilgesellschaft der Regierung mit beharrlichen Forderungen gegenübertreten.

Nötig ist gleichzeitig ein entschlossener Einsatz für deutlich bessere Lebensbedingungen in Pflegeheimen!

Leider gibt es bei uns in Deutschland noch andere Ungereimtheiten, die unsere Würde beschädigen:
Nur minimalste Unterstützung für den Fall, dass der Bürger eine herkömmliche Beschäftigung in einer Firma verliert; immer höhere Eigenzuzahlungen bei Krankheit; die
bürgerbenachteiligende Gestaltung der Altersruhegeldre-
gelung (Rente); maßlose Gehälter und Abfindungen für einige Unternehmensmanager und Vorstände; gegenüber den
allgemeinen Lebenshaltungskosten viel zu niedrige bis
niedrigste Stundenlöhne für Mitarbeiter bei ständiger Erhöhung der Abgeordnetenbezüge; in nicht wenigen Fällen
unbezahlte Überstunden; stetig ansteigende Wochenend-
und Sonntagsarbeit; zeitliche Einschränkungen bei familiären Trauerangelegenheiten und permanente Mietstei-
gerungen für Wohnungen.
An dieser Stelle könnten noch weitere Beispiele genannt
werden, die das Leben von zahlreichen Bürgern beengen
und erschweren.

Die widersprüchlichen Analysen von Berufspolitikern, wenn
es um eine Rechtfertigung der verschiedenen, für uns Bürger belastenden Probleme geht, schaffen ein gewolltes Bild
der Verwirrung, welches dazu führt, dass die Missstände
oftmals nicht greifbar erscheinen. Und dies wiederum erzeugt bei der Bevölkerung ein Stillhalten ...

Das bewusste In-Kauf-Nehmen von Krankheiten seitens
einiger Unternehmer und Berufspolitker muss als tiefverwurzelte Menschenverachtung gegenüber uns Bürgern, des
Volkes, bezeichnet werden. Denken wir dabei an die hohe
Anzahl von Krebserkrankungen, die aufgrund chemischer

Giftstoffe in der Nahrung, in Pflegeprodukten und Kleidungsstoffen wie auch durch negativen Stress, Zigarettenrauchen sowie Alkohol entstehen.

Oder machen wir uns bewusst, dass sich die meisten Zahnkrankheiten wegen des überhöhten Zuckerkonsums entwickeln. Letzterer ist zudem maßgeblich für Diabeteserkrankungen mitverantwortlich.

Einige Bereiche der Industrie und deren Firmenleitungen, die beispielsweise Schokolade, Kekse und Bonbons herstellen, scheren sich nicht um die gesundheitlichen Folgen. Anstatt sie den Zuckergehalt ihrer Produkte in kleinen Schritten reduzieren, warten sie mit Argumenten auf, welche die Selbstverantwortung der Bürger zum Mittelpunkt machen. Dabei kalkulieren sie sehr wohl mit ein, dass der Mensch einerseits verführbar ist und andererseits Zucker zu einem gewissen Maße abhängig macht, wenn auch nicht ganz so stark wie Nikotin und Alkohol.

Ich möchte ein bezeichnendes Beispiel für das entgleiste Wertedenken mancher Unternehmer nicht unerwähnt lassen. Es handelt sich um den Medikamentenskandal *Contergan*. Obwohl Anfang der 60er Jahre bekannt war, dass zahlreiche, neugeborene Kinder durch den enthaltenden Wirkstoff -Thalidomid- mit einer massiven Schädigung von Armen, Beinen und Organen zur Welt kommen, wurde dieses Mittel nicht sofort vom Markt genommen.

Den verantwortlichen Unternehmen und Berufspolitikern ging es zu dieser Zeit darum, sich erst in eine Position zu bringen, die bestenfalls ein Verschleiern der Vorfälle ermöglicht, noch bevor man einer Anklage gegenüber stand. Während dieser Phase konnten durch diesen Stoff – der als

Beruhigungsmittel ausgewiesen war – zum Leidwesen der Betroffenen weitere Gewinne eingestrichen werden.

Weltweit kamen ca. 10 000 Kinder mit starken, körperlichen Beeinträchtigungen zur Welt – in Deutschland waren es über 4 000.

Durch einzelne Ärzte und Recherchen von seriösen Zeitungsreportern konnte das unglaubliche, skrupellose Verhalten der herstellenden, pharmazeutischen Firma nachgewiesen werden. (welt.de 11.2011)

Ein weiteres erschreckendes Beispiel:

Weil es kostengünstig war, hat man den Isolierstoff *Asbest,* der unter anderem giftiges Serpentin als Bestandteil enthält, in großen Mengen produziert. Unzählige Male wurde dieser gesundheitsschädliche Stoff für Isolierungen sowie zur Herstellung von Tischdecken verwendet.

Viele Bürger in den Fabriken, die das Material bearbeiten mussten, erkrankten an Lungenkrebs. Auch Eierstock- und Kehlkopfkrebs können die Folgen sein.

Gegen Ende des 19. Jahrhunderts – die Industrialisierung schritt zum Nachteil von uns Bürgern unaufhörlich voran – begann die Erzeugung im großen Stil. Erst um 1930 wurde offiziell bekannt gegeben, dass Asbest hochgradig krebserregend ist.

Dennoch ließ man die Fertigung weiter laufen – und das in vielen Ländern.

Es erkrankten aber nicht nur die Bürger, die dieses heimtückische Produkt herstellten, sondern auch jene, die in den Häusern lebten, in denen Asbest als Isolierstoff Verwendung fand. Darunter waren natürlich zahlreiche Schulen und Sportstätten.

Das gewissenlose Handeln und eine dem Bürger gegenüber unbekümmerte Gleichgültigkeit, setzten dem Ganzen noch die Krone auf, indem Asbest von deutschen Berufspolitikern erst im Jahre 1993 verboten wurde – also 60 Jahre später, nachdem klar bewiesen war, wie giftig und schädlich dieses Material für Menschen ist.
Noch befremdlicher sind Angaben, die zeigen, dass die Europäische Union das Verbot für Asbest in Europa sogar erst 2005 aussprach ...

Die bewusste Fahrlässigkeit auf Kosten der Gesundheit der Bevölkerung ist auch hierbei unverkennbar.
Sie führt uns offen vor Augen, dass wir nur dem Zweck dienen sollen.
Das tiefverwurzelte Gedankengut der Personengruppen, die sich in erster Linie mit Gewalt über die Völker stellten, sieht für uns Bürger lediglich untergeordnete Aufgaben vor. Auffällig dabei ist, dass ihnen – der selbsternannten Elite – zum Teil das Wissen, vor allem aber die Courage fehlt, ihrerseits eine wirklich menschliche Gesellschaft zu schaffen.
Ohne jeden Zweifel müssen wir Bürger es sein, die überlegt und zielstrebig die nötigen Schritte unablässig vorantreiben, wollen wir nicht noch weitere, viele hundert Jahre in einer Welt voller Zerrissenheit und Not leben!

Derzeit stehen in den USA ca. 30 Millionen Bürger ohne Krankenversicherung da. Welch eine Schande und was für ein brutales Vorgehen gegenüber der eigenen Bevölkerung!
Im Februar 2010 gab es über die USA und das dortige Krankenversicherungssystem einen Fernsehbericht.

Während einer öffentlichen Anhörung, die amerikanische Behörden zu Informationszwecken durchführten, wurde eine bestimmte Frage an die Vorsitzende einer Krankenversicherung gestellt:

Welches Gehalt beziehen Sie? Die Frau antwortete Folgendes: „Ich erhalte jährlich eine Million Dollar zuzüglich ca. 70 000 Dollar Prämie."

Es ist demnach eindeutig, welche Prioritäten zählen und wie kaltschnäuzig die Not bei vielen anderen Menschen erzeugt und dann ignoriert wird. Ich möchte folgendes hinzufügen:

Dass die Behörden, in diesem Falle in Amerika, solch eine Befragung in der Öffentlichkeit durchführten, erschien mir, trotz aller Brisants, etwas suspekt. Schließlich wird in aller Regel viel mehr vertuscht als offengelegt.

Auch in Deutschland gibt es zahlreiche Bürger, die eine längere Zeit ohne Krankenversicherung *irgendwie* zurecht kommen müssen. 2019 sollen es mindestens 60 000 Mitbürger gewesen sein. Fortschritt nur als Fata Morgana?

Es ist eine kaum fassbare Schande, die ein weiteres Mal zeigt, dass wir auch hier in Europa noch immer durch eine ausgrenzende, bürgerfremde Berufspolitik in unserer Lebensqualität beschnitten werden.

Stell dir vor, du wärst ein Zebra, das zur Wasserstelle läuft, um seinen Durst zu stillen.
Dort angekommen würdest du einen Zaun vorfinden, der dich davon abhält an das lebenswichtige Wasser zu kommen.
An dem Zaun ist ein Schild angebracht, auf dem in Tiersprache geschrieben steht:
Diese Wasserstelle ist nur
für Elefanten und Nashörner reserviert!

Im Sinne unserer Würde

Wir dürfen dem unnatürlich erzeugten Bedürfnis nach üppigen Privilegien und übermäßiger, individueller Abgrenzung nicht erliegen.

Liebe Leserin, lieber Leser,
wenn du dich von einem Teil deiner Mitmenschen abheben willst, um auf sie hinabsehen zu können, wäre das nichts weiter als das unbedachte Nachahmen bürgerverletzender Verhaltensweisen.
Du musst das nicht tun – du kannst einen menschlicheren Weg gehen, der dir letztlich den Sinn deines Daseins bewusst werden lässt.
Verbanne das distanzierende Konkurrenzdenken und die in dir steckenden Feindbilder. Nutze deine persönlichen Stärken für die Gemeinschaft und erkenne dabei, dass die Chancengleichheit nur dann gegeben ist, sobald allen Menschen die dafür nötigen Vorraussetzungen zugestanden werden.
Ein Beispiel: Zwei Jugendliche stehen auf derselben Startlinie. Sie wollen einen Hundert-Meter-Lauf absolvieren, bei dem es darum geht, Kraft und Schnelligkeit auf die Probe zu stellen. Einer der beiden Jungen hat Eltern, die beruflich und finanziell abgesichert sind. Dadurch befinden sie sich in der vorteilhaften Lage, ihrem Sohn neben anderem ein kleines Fitnessstudio einzurichten.
Für den Hundert-Meter-Lauf kaufen sie ihm spezielle Sportschuhe mit einer entsprechenden Besohlung, die auf

einem Kunststoffboden die bestmögliche Haftung gewähr-
leisten.
Der zweite Junge kommt aus armen Verhältnissen.
Bereits seine Eltern mussten miterleben, dass ihre Eltern,
die Großeltern des Jungen, ein Leben voller Entbehrungen
führten.
Zum Sporttreiben ganz allgemein, verspürt er nur wenig
Antrieb. Ihm fehlt schlicht die Motivation von Mutter und
Vater – jedoch sind beide wegen ihrer eingeengten Lebens-
verhältnisse mit zahlreichen Vorgängen überfordert.
Das ist auch der Grund, weshalb der Junge des Öfteren müde
und mit leerem Magen in der Schule sitzt.
So entspricht es auch seiner Situation, dass er für das be-
vorstehende Rennen nur ganz normale Turnschuhe trägt.
Wer von den beiden Jugendlichen wird die einhundert Meter
wohl am schnellsten hinter sich lassen?

Du, die Leserin und der Leser dieser Zeilen – es reicht
nicht, nur über Menschenwürde zu reden. Wir müssen sie
täglich achten und schützen – bei unseren Mitbürgern und
gleichsam bei uns selbst.

Lass es nicht zu, dass das Wichtigste von uns Menschen in
seiner Wertigkeit beengt, unterdrückt und verletzt wird!
Lebe nach den Grundbedürfnissen (mindestens 12), die jeder
von uns in sich trägt und nutze dein Potential, das auch
in dir vorhanden ist.
Du kannst sicher sein, dass du damit für deine Mimenschen
und für dich selbst das menschlich Beste tust.

Das Leben wird vor allem dort
kompliziert, wo schlichte Menschlichkeit stört und Missgunst zugegen ist.

Die Lampe

Die Mehrheit von uns Menschen befindet sich die meiste Zeit über im Zustand einer ausgeschalteten, dunklen Lampe.

Es ist ganz so, als würdest du nur existieren. Alles, was du tust, verläuft nach einem starren Muster, das sich nahezu täglich wiederholt.
Dein Selbstwertgefühl steht dabei in einer finsteren Ecke – und nach außenhin versuchst du dich sicher und kühl zu geben.
Oft weißt du nicht, ob du auf deine Mitbürger hinabsehen oder sie einfach unbeachtet lassen sollst. Längst hast du deine zahlreichen, positiven Eigenschaften und Stärken vergessen.
Vielleicht aber konnten sich deine wertvollen Attribute die ganzen Jahre über erst gar nicht richtig entwickeln, weil man dich, wie viele andere auch, hineingezwängt hat – in einen willkürlich erzeugten Beschäftigungskreislauf, der dich mit allen möglichen, unnatürlichen Vorgängen stetig gefangen hält. Dadurch ist dir kaum bewusst, dass du dich von „großen" Reden taktierender Berufspolitiker und Wirtschaftsvertreter beeindrucken und klein halten lässt ...

Schalte deine Lampe ein – lasse deine menschliche, positive Persönlichkeit wachsen und täglich aufs Neue erstrahlen!
Befreie dich von der Dunkelheit, die dir auf verschiedene Weise unentwegt einredet, dass du ja doch nur ein kleines Lämpchen in dieser Welt seist. Das Gegenteil ist die Wahrheit.

Du bist ein wertvoller Mensch, der das natürliche Recht hat, seine Daseinsreise im hellen Licht zu erleben – mit allen grandiosen Eigenschaften, welche uns die Natur mit auf den Weg gegeben hat.

Der schwere Weg der Wahrheit

Ist Wahrheit nur ein großes Wort?
Gibt es Wahrheit überhaupt?
Ist wirklich alles relativ?
Wohin führt uns die Wahrheit?
Vier elementare Fragen, die mit wenigen Worten verdeutlichen, dass es einem kleinen Teil der Menschheit über lange Zeit gelang, die Mehrheit der Bevölkerung so zu verwirren, dass sie den Glauben an die Wahrheit regelrecht verlor.

In der Tat – zahlreiche Bürger unter uns tun sich schwer damit, der schlichten Wahrheit den Platz einzuräumen, den sie braucht, um unser Leben mit Sinnhaftigkeit zu füllen.
Ja, mit uns Menschen ist viel Schreckliches geschehen, auch das mit der Wahrheit hat man uns angetan.
Von Kindesbeinen an wurden wir unseres grundsätzlich bewundernswerten Verstandes beraubt. Nur die Wenigsten blieben verschont – vielleicht zufällig.

Du kannst es ruhig zugeben – häufig fällt es auch dir nicht leicht, die Dinge um dich herum so anzunehmen, wie sie tatsächlich sind.
Ist es nicht so, dass du mehr oder minder ständig am Zweifeln bist? Fast täglich und in unterschiedlichsten Situationen versuchst du, die Wahrheit zu ergründen. Oft bist du kurz davor, sie eindeutig wahrzunehmen und einzuordnen. Doch deine Gedanken schweifen immer wieder ab.

In deinem Unterbewusstsein wird eine Stimme laut:
Lass es sein, flüstert sie dir zu. *Denke nicht weiter darüber nach. Warum solltest gerade du die Wahrheit erkennen?*

Geht es um Alltägliches, das sich beinahe jeden Tag wiederholt, fällt es uns in der Regel leicht, die Wahrheit und die Unwahrheit voneinander zu unterscheiden. Der Nachbar erzählt mit Freude von seinem Möbelkauf, den er heute getätigt hat. Zweifel daran verspüren wir dabei nicht, warum auch. Wir fragen unsere Kinder, wie es ihnen geht und nehmen zunächst an, dass sie ehrlich sind. Umgekehrt aber ist das nicht immer so.
Es wird fast schon als normal angesehen, wenn Eltern ihren Kindern nicht immer mit der Wahrheit begegnen. Daran lässt sich zu einem gewissen Maße ableiten, dass nicht wenige Vorgänge in unserem Leben kaum der Natürlichkeit unserer Spezies entsprechen. Der Erwachsene – jedenfalls die meisten von uns – steckt in seiner verbogenen Welt fest. Und in Momenten, da ihm Kinder gegenüber stehen, bemerkt er instinktiv, dass er eigentlich gar nicht unbelastet und frei über alles sprechen kann.

Als Kleinkind bedeuten uns das gesprochene Wort, die Mimik und Gestik unserer Eltern und Verwandten alles.
Das ist die Richtung – dort liegt Vertrauen und diesem folgen wir. Es kann prinzipiell auch gar nicht anders sein, weil die Spezies Mensch grundlegend dazu veranlagt ist, schlichten Abläufen nachzueifern.

Umso schlimmer ist es, dass bereits vor langer Zeit damit begonnen wurde, die Wahrheit und ihre substanzielle Bedeutung ins Abseits zu stellen.

Als Beispiel nenne ich das vergangene Römische Reich.

Vielen Kaisern, Senatoren, Stadthaltern und hochgestellten Offizieren gelang es, mit Arglist und Gewalt ein riesiges Imperium der Einschüchterung aufzubauen und einige Jahrhunderte daran festzuhalten. Zahlreiche Bürger mussten auf unnatürliche Weise sterben.

Es wurden grausame Kriege inszeniert, die man erbarmungslos durchführte.

Diejenigen, die ihre kritischen Ansichten offen aussprachen, erwartete der Tod – oft mit brutalsten Mitteln.

Tausende von ihnen, vor allem jene die mit ihrem Glauben nicht in das römische Ideal passten, erlagen im Kolosseum in Rom den entsetzlichen Methoden einer fürchterlichen Tötungsfabrik.

Diese massiven Verbrechen gegen die Menschlichkeit konnten ca. 450 Jahre lang stattfinden. Das Verschleiern der Wahrheit gehörte dabei zur täglichen Normalität.

Dem Kaiser und Römischen Reich musste sich alles unterwerfen – koste es, was es wolle.

Nachdem diese barbarischen Römer gestürzt wurden, hinterließen ihre abscheulichen Taten tiefe Wunden an den Körpern der Überlebenden – zugleich waren Vertrauen und die natürliche, psychische Stabilität bei der großen Mehrheit der Völker massiv erschüttert und grundlegend beschädigt.

Leider gab es in dieser sehr dunklen Zeit noch weitere Stammes- und Volksführer, die ihrerseits großes Unheil über die Menschheit brachten.

Bei all dem rücksichtslos verursachten Chaos blieb die Wahrheit weitestgehend unbeachtet.

Das ursprüngliche, positive Denken und Handeln, das alle Menschen von Geburt an in sich tragen, veränderte sich durch diese grässliche Epoche drastisch.

Von nun an waren tiefsitzende Ängste die ständigen Begleiter. Diese schwere Lebenslast übertrug sich auf die Nachkommen der nächsten Generationen.

In den letzten ca. 4 000 Jahren der menschlichen Geschichte gab es kaum eine Zeitspanne, in der die Bürger nicht als „Spielball" einer komplexbeladenen, gewaltbereiten Herrschergruppe benutzt wurden.

An dieser Stelle muss daran erinnert werden, dass in Europa – auch in Deutschland – um die Zeit zwischen 1450 und 1750 ungefähr 60 000 bis 100 000 Bürger der sogenannten Hexenverfolgung zum Opfer fielen.

Die damaligen Kirchenführer, aber auch nichtkirchliche Landes- oder Stadtvorsteher, suchten nach unverkennbaren Abschreckungsmethoden.

Mit Hilfe fadenscheiniger Gründe gelang es, das Bestreben nach Wahrheit zum bedrohlichen Risiko werden zu lassen.

Bürger, die mehr aus ihrem Leben machen wollten, sich ihrer Stärken bewusst waren und ihre Meinungen offen aussprachen, wurden schnell der Hexerei oder Zauberei bezichtigt und angeklagt. Überwiegend Frauen, doch auch Männer und sogar Kinder erlitten furchtbarste Qualen bei der Folter und auf dem Scheiterhaufen, wo man sie verbrannte. Jeder Widerspruch sollte im Keim erstickt werden.

Es mussten sehr naive, im Herzen einsame und sehr unzu-
friedene Menschen gewesen sein, die solche schrecklichen
Taten an ihren Mitbürgern ausübten – ob nun als Ankläger
oder als Henker.

Diejenigen, die übrig blieben, igelten sich mehr und mehr
ein. Die primitiven Gewaltexzesse hatten fatale Folgen. Denn
spätestens seit dieser Zeit fällt es den Bürgern sehr schwer,
zu unterscheiden, wem sie vertrauen konnten und wem
nicht. Was ist Wahrheit und was Lüge?

Seit langer Zeit schon gilt es, bestimmte Güter, Landbesitz,
Gold oder Geld sowie privilegierte Positionen zuerst einem
ausgewählten Kreis zukommen zu lassen – und dies sehr
großzügig. Das Fortführen solcher generationsübergrei-
fender Selbstverständlichkeiten untergräbt permanent unser
Vertrauen.

> Würde es nach der schlichten Wahrheit
> gehen, wäre es ganz normal, alles so zu
> organisieren, dass alle Menschen gleicher-
> maßen am Reichtum unserer Natur teil-
> haben.

Es darf nicht sein, dass sich wenige Personen mit arroganter Ungeniertheit und elitärer Selbstgefälligkeit über
das Volk stellen! Schließlich ist es vor allem der Bürger, der
die gesellschaftsrelevante Arbeit verrichtet.

Hin und wieder entstehen in mir Gedanken, die mich dazu
veranlassen, hypothetisch anzunehmen, dass man der Mehr-

heit des Volkes – beispielsweise in Europa, Amerika und Australien – einen Mikrochip einsetzte, der sie davon abhält, gegen das ständige Unrechtsverhalten deutlich aber mit Verstand und Niveau aufzubegehren.

Es scheint fast so, dass dabei das Bewusstsein, der einfachen Wahrheit nachzuleben und sie auch einzufordern regelmäßig gelöscht wurde.

Selbstverständlich gab es in den früheren Epochen noch keine Techniken, um einen solchen Chip herzustellen.

Allerdings ließen sich bereits damals Einzelne dazu verleiten, perfide Theorien unter die Menschheit zu bringen, die alles andere als gemeinschaftsfördernd waren.

Unsere Natur aber lässt sich nicht gänzlich auf die Seite schieben. Sie sucht selbst in der tiefsten Verzweiflung nach Wahrheit. Doch Ängste und Misstrauen – auch das unterschwellige in Frage stellen des eigenen Selbstwertes – erdrücken das Wahrheitsbestreben.

So findet sich unser Gerechtigkeitssinn im Niemandsland wieder – das eigene Denken aufgegeben, abgegeben an Andere, nach dem Motto: Augen zu und durch, „die da oben" werden schon das Richtige tun.

Weit gefehlt, denn der Großteil derjenigen, die an wichtigen Entscheidungspositionen unserer Gesellschaft sitzen, denkt bisher nicht wirklich an das Wohl der Bürger. Dazu fehlt ihnen ein hohes Maß an moralischer Reife.

Und warum sollen sie sich mit unseren persönlichen Angelegenheiten und Sorgen auseinandersetzen? Sie haben ihre Posten, Privilegien, sind finanziell abgesichert und verfügen über die nötigen Beziehungen.

Ihre konzentrierte Aufmerksamkeit gilt den Möglichkeiten, Vorgänge und menschliche Verhaltensweisen je nach

Bedarf zu steuern, um der Bevölkerung legitime Wege aus dem gesellschaftlichen Labyrinth zu versperren ...

Was wir außerdem nicht dulden dürfen, ist die Tatsache, dass uns Bürgern fortwährend erzählt wird, der Mensch sei nicht fähig in einer Gemeinschaft zu leben, in der gleiches Recht für alle gilt. Bereits diese Aussage gehört zu den großen, akzeptierten Unwahrheiten unserer jüngeren, menschlichen Geschichte.

Jene, die sich der Wahrheit im Sinne des Menschseins nicht verpflichtet fühlen, wissen im Allgemeinen ganz genau, was sie tun. Schließlich haben sie zahlreiche Argumente parat, die ihre Denk- und Handlungsweisen nach außen rechtfertigen – womit sie sich Freiräume verschaffen.
Die Menschen, welche aufgrund ihrer beruflichen Funktionen maßgebliche Entscheidungen für die Gesellschaft und den Einzelnen treffen können, dies jedoch nicht wahrheitsgemäß und gerecht ausüben – haben eine Schar von Mitläufern, weshalb es ihnen gelingt, die unnatürlichen Strukturen zu erhalten und neue zu manifestieren.

Was haben wir, die Bürger, die Jahr für Jahr darauf warten und hoffen, dass sich die Gesellschaftsverhältnisse spürbar zum Besseren verändern, dem allen entgegenzustellen?
Ob *du* es glauben willst oder nicht – eine ganze Menge!

Täglich eine neue Chance
für die Wahrheit

Jeden Morgen, sobald wir aus dem Schlaf erwachen, beginnt ein neuer Tag und birgt die Chance in sich, unsere Umwelt, auch uns selbst, aufs Neue zu erleben.
Wir stehen also täglich am Start.
Bereits zu diesem Zeitpunkt ist es uns immer wieder möglich, der schlichten Wahrheit ins Gesicht zu blicken.
An dieser Stelle ist es mir ein Bedürfnis, darauf aufmerksam zu machen, dass zahlreiche Mitmenschen schon in den frühen Morgenstunden mit einer Krankheit konfrontiert sind. Entweder mit einer, die sie schon länger ertragen müssen oder, sie werden am neuen Tag damit überrascht.
An alle meine Mitbürger, die Krankheiten durchleiden müssen: *Ich wünsche euch von Herzen, dass an eurer Seite ein Familienmitglied, eine gute Freundin oder ein guter Freund ist, die euch ausreichend Zuneigung und Zeit schenken können.*

Wie viele Male am Tage haben wir tatsächlich Zeit, über uns selbst und die Lebenssituation, in der wir uns gerade befinden, gründlicher nachzudenken?
Nutzen wir frühmorgens die Unverbrauchtheit der Sinne.

Liebe Leserin, lieber Leser,
Lass dich für einige Momente treiben, vielleicht beim Duschen oder während du dein Frühstück vorbereitest. Nehme dabei ganz bewusst wahr, welche Entscheidungen auf dich warten. Sobald du dabei den Mut aufbringst, der einfachen Wahrheit nicht aus dem Wege zu gehen – ihr stattdessen

mitten ins Gesicht zu blicken – wird sich dein Tagewerk motiviert und mit einem guten, befriedigenden Gefühl anpacken lassen.

Schließlich bestehen unsere Gedanken nicht nur aus banalen Vorgängen. Viel mehr bilden sie sich aus der Aneinanderreihung von kleinen, größeren wie auch einschneidenden Erlebnissen und Erinnerungen, die letztlich für das Denken ausschlaggebend sind.

Bei allen Bemühungen, die richtigen Entscheidungen zu treffen, können wir eine unüberhörbare, natürliche Stimme in uns wahrnehmen, die stetig daran erinnert, in jeder Situation der Wahrheit den Vortritt einzuräumen.

Dennoch lassen sich viele Bürger immer wieder verunsichern. Die Unsicherheit kann uns lähmen. Sie lässt uns im besten Falle aber auch suchend werden.

Nur, was suchen wir?

Wir (ver)suchen durch das Dickicht zu gelangen, das den klaren Blick für das Wesentliche verstellt. Gerade deshalb dürfen wir das menschliche Verlangen – den Dingen auf den Grund zu gehen – nicht vernachlässigen.

Zu oft wird das Wahrheitsempfinden nicht ernst genommen oder gar völlig zur Seite geschoben. Dann schleicht sich Orientierungslosigkeit ein.

Wer sich in solchen Phasen für den vermeintlich einfachen Weg entscheidet und die Wahrheit deshalb hintenan stellt, dessen Persönlichkeit verliert an Authentizität.

Ist ein Leben, das in allem nach der Wahrheit strebt, leicht? In der bestehenden Gesellschaftsform (2022) sicher nicht, dies sollten wir uns eingestehen.

Umso mehr muss es ein drängendes Anliegen sein, Unwahrheiten zu entlarven und sie keinesfalls akzeptieren.

Zahlreiche Halbwahrheiten, die von Berufspolitikern, einigen Wirtschaftsvertretern, Fernseh- und Radiosendern sowie manchen Zeitungen regelmäßig veröffentlicht werden, verursachen täglich ein gesellschaftliches wie auch zwischenmenschliches Durcheinander.

Die daraus entstehenden Folgen sind Sorgen und Not bei den Bürgern. So steht zweifelsohne außer Frage, dass es immer wichtig ist, Aussagen und Entscheidungen, die in der Öffentlichkeit präsentiert werden, ganz bewusst zu hinterfragen.

Eine Lüge kann ihre Wirkung

nur dann entfalten,

wenn sie hingenommen wird.

Wir alle akzeptieren die schlichte Wahrheit, sobald es um die natürlichen Prozesse von Geburt und Tod geht.

Die Wahrheit ist aber auch, dass ein Dasein in Würde für uns Menschen nur dann möglich ist, wenn wir in einem aufrichtigen und harmonischen Umfeld leben können.

Davon lässt sich fraglos ableiten, dass wir auf das beständige Beachten der Grundbedürfnisse angewiesen sind.

Nur, warum lassen viele Menschen dennoch zu, dass zahlreichen Bürgern beinahe täglich Unrecht zugefügt wird?

Weshalb werden ihre Grundbedürfnisse nicht ernst genommen – meist sogar mit Füßen getreten?

Hinter all dem verbergen sich Ursachen, die seit langem schon inmitten unseres täglichen Lebens existieren.

Eine davon besteht darin, indem ein Teil von uns den Sinn

der schlichten Wahrheit aus den Augen verloren hat.

Gleichzeitig findet die menschliche Sensibilität nur wenig Beachtung – oft ist sie sogar dem Spott ausgesetzt.

Denken wir zum Beispiel an die würdeverletzenden Zustände in nicht wenigen Pflegeheimen, die älteren Bürgern nach wie vor widerfahren.

Kaltherzige Pflegeheimbetreiber und ihre leitenden Angestellten, die sich vom üblichen Geschäftsgebaren motiviert fühlen, schieben aufkommende Scham zur Seite, um vor allem finanzielle „Erfolge" zu erzielen.

In anderen Bereichen geht es in ähnlicher Weise vor sich.

Als sehr bedrückend müssen wir die Beschäftigungszeiten der Mitarbeiter kritisieren, die von den Unternehmern möglichst ausgedehnt eingefordert werden.

Innerhalb der Betriebe ist es bei der Kalkulation von Mitarbeiterlöhnen, Umsatz und Gewinn effizienter, wenn ein Bürger viele Stunden arbeitet, anstatt den vorhandenen Arbeitsaufwand auf zum Beispiel zwei Beschäftigte zu verteilen. Diese rein materialistischen Berechnungen verdanken wir in erster Linie den Bossen der Großindustrie und sogenannten Unternehmensberatern. Letztere erzielen ihr Einkommen damit, dass sie unter anderem Konzernchefs sowie Inhabern oder Besitzern von Unternehmen ausgeklügelte Vorschläge zur Optimierung interner Abläufe aufzeigen.

In zahlreichen Fällen jedoch rufen diese angeblich fortschrittlichen Maßnahmen mittel- und langfristig nachweisbaren Schaden für Mitarbeiter und die Gesellschaft hervor.

Die schlichte Wahrheit ist demnach völlig außer Kraft gesetzt – denn auch dabei wird das tägliche Leben der Bevölkerung aufgrund höchst eigennütziger Firmenphilosophien sowohl indirekt als auch direkt erheblich belastet.

Einmal abgesehen davon, ob einige Unternehmen überhaupt etwas Sinnvolles für die Gesellschaft/Bürger tun oder produzieren, muss es für uns ein verstärktes Anliegen sein, über Wirtschaftsstrukturen nachzudenken, die bislang kaum hinterfragt wurden, obwohl sie täglich vor unseren Augen praktiziert werden.
Grundsätzlich ist es doch so, dass Unternehmer eine für sie zuträgliche Aufgabe/Arbeit öffentlich machen, damit sie Mitarbeiter und beispielsweise finanzielle Unterstützung bekommen.

Nichts spricht dagegen, wenn ein Mensch versucht, seine persönlichen Vorstellungen in die Tat umzusetzen.
Sobald dies allerdings mit Einschränkungen der Würde bei Mitarbeitern und Kunden/Bürgern erreicht werden soll, muss es für uns alle eine Selbstverständlichkeit sein, dieser individuellen Freiheit deutliche Grenzen aufzuzeigen!

In aller Regel kann ein Firmenbesitzer oder -inhaber seine Vorhaben ohne Mitarbeiter nicht bewerkstelligen.
Diejenigen unter uns, die aus unterschiedlichsten Gründen keine Unternehmer sein können oder es gar nicht sein wollen, brauchen in diesem unausgewogenen Gesellschaftssystem eine Beschäftigung bei einer Firma, um mit dem Lohn zum Beispiel eine Wohnung, Nahrungsmittel und Kleidung zu bezahlen.

Vordergründig betrachtet scheint es so, als hätte jeder
Mensch die gleichen Chancen, sein Leben sinnvoll und entsprechend seiner persönlichen Stärken zu gestalten. Bei ob-
jektiverer Sichtweise aber offenbart sich ein ganz anderes
Bild.

Nur einige Wenige, die bereits in frühem Alter ein aus-
geprägteres Maß an Begabungen mit sich tragen, erhalten
die Weiterbildung, die nötig ist, um ihr Dasein möglichst
selbstbestimmt zu organisieren. Obendrein werden diese in
den meisten Fällen zusätzlich stark unterstützt, um die
Nachfolge für die sogenannte Elite zu sichern ...
Allen anderen Bürgern lässt man letztlich nur ein Mindestmaß an weiterbildender Unterstützung zukommen.
Angefangen eben schon in den Schulen, deren gesamter Unterrichtsstoff, der Mangel an Lehrkräften und die zu umfangreich besetzten Klassen zeigen mehr als deutlich, welche Prioritäten gesetzt werden.
Eines der wichtigsten Ziele dabei ist, möglichst viele Bürger in abhängige Arbeitsverhältnisse zu drängen, um Tätigkeiten auszuführen, die auf die eine oder andere Art gesund-
heitlich belastend sind und obendrein eine geringe Entlohnung mit sich bringen.
Diese ungehörige Vorgehensweise – einen großen Teil unserer Spezies gezielt in einengende Verhältnisse zu manö-
vieren – zerstört das Vertrauen der Betroffenen in die eigenen Kräfte und gegenüber Mitmenschen stets aufs Neue.
So dreht sich das Leben für Viele unter uns hauptsächlich
um den Job und die fast täglichen Ängste, diesen mögli-
cherweise zu verlieren.

Wer bei solchen äußerst bedrückenden Verhältnissen von Demokratie und Freiheit schreibt oder spricht, der hat in der Tat jegliches Wahrheitsempfinden über Bord geworfen.

Vielleicht fragst du dich immer noch, wie man es besser machen kann?

Zunächst ist es mir wichtig, dir gerade heraus und voller Überzeugung näher zu bringen, dass wir längst in einer deutlich menschlicheren Welt leben könnten – wäre es nur gewollt.

Du glaubst, dass dies nicht ginge, weil alles sehr kompliziert sei?

Nur vorgeblich betrachtet erscheinen die gesellschaftlichen und weltumspannenden Zusammenhänge kompliziert. Doch das sind sie keineswegs.

An jeder Entscheidungsposition sitzen Menschen.

Diese Personen tragen dieselben Grundbedürfnisse wie alle anderen in sich. Ihr Denken ist allerdings auf eine Weise manipuliert/entgleist, sodass sie sich auf Deals und Verträge einließen, die ihnen ein großes Maß an Privilegien und finanziellen Freiheiten ermöglichen. Und mit zahlreichen jungen Menschen, die anfangs erhobenen Hauptes an ihren Einsatz für eine bessere Welt glaubten, geschieht das Gleiche!

Es muss zu einer sich verbindenden Mehrheit von uns Bürgern kommen, die solche verschobenen Werdegänge und die damit einhergehenden, unsoliden Vorgehensweisen nicht akzeptiert.

Demzufolge ist es ohne Wenn und Aber notwendig, dass sämtliche Entscheidungen, die zu fällen sind – egal, in welchem

Bereich auch immer – stets zuerst für die Menschlichkeit getroffen werden.

Das heißt gleichzeitig, dass die gesetzlichen Rahmenbedingungen sowie die Gesellschaftsstrukturen, alle Beschäftigungszeiten und auch das widersinnige Geldsystem auf unsere menschliche Natur und die damit verbundenen Grundbedürfnisse abgestimmt sein müssen!

Alles, was dem widerspricht – und leider ist dies in vielen Bereichen der Fall – zeugt von einer oberflächlichen, auffällig willkürlichen Einschränkung unserer natürlichen Potentiale.

Diese versteckte Form der Oligarchie bedarf der grundlegenden Veränderung!

Doch dafür braucht es definitiv das beharrliche Engagement von uns Bürgern.

Wahrheit ist immer erklärbar

Jeder von uns weiß, sobald er sich auf seine inneren Werte konzentriert, wie sich Wahrheit erklärt.

Dennoch lassen sich viele dazu hinreißen, nach außen verlauten zu lassen, dass es Wahrheit nicht gäbe und wir uns eben den altbewährten Vorgaben beugen müssten.

Kann uns derartiges Gedankengut wirklich weiterbringen?

Ganz sicher nicht! Es ist nur dazu geeignet, klein zu denken und klein zu bleiben.

Es gibt keinerlei Zweifel daran, dass wir Menschen sehr wohl in der Lage sind, Wahrheit von Unwahrheit zu unterscheiden. Genauso ist es für uns bedeutsam, sie als einen

Kompass anzunehmen, der uns den richtigen Weg zeigt.

Sollte es sehr wenige Ausnahmen geben, die uns dazu veranlassen, die Wahrheit für einen Moment zurückzustellen?

Könnte dies eventuell in bestimmten Krankheitsfällen kurzfristig sinnvoll werden, die eine lebensbedrohliche Situation mit sich bringen.

In diesem Zusammenhang stelle ich folgende Frage:

Ist es immer richtig, einem todkranken Menschen zu sagen, dass er – um ein Beispiel zu nennen – nur noch kurze Zeit zu leben hat?

Dabei dürfen wir etwas sehr Wichtiges niemals aus den Augen verlieren:

Es muss unsere menschliche Pflicht sein, Entscheidungen ausschließlich zum Wohle des jeweils Betroffenen herbeizuführen und danach zu handeln.

Ich finde es traurig, manchmal auch bestürzend, dass man Menschen so weit gebracht hat, Hemmungen zu haben, wenn es darum geht, das Wort *Wahrheit* auszusprechen.

Warum sollen Berufspolitiker, Unternehmer, Wissenschaftler, Ingenieure, Manager, Könige, Prinzen, Fürsten, prominente Bürger und Religionsführer das alleinige Privileg für sich in Anspruch nehmen können, zu definieren, was richtig oder falsch ist?

Weshalb wird ihnen von vielen Bürgern dieser Sonderbonus bereitwillig eingeräumt?

Wohin hat es denn geführt, blicken wir auf unsere Gegenwart und die Vergangenheit?

Ist es denn nicht die Wahrheit, dass unzählige Menschen gerade von der selbsternannten Oberschicht und dem nachfolgenden Adel unterdrückt, versklavt, gefoltert und ermordet wurden?

Denken wir dabei zum Beispiel an den bürgerverachtenden, brutalen Kolonialismus in Asien und Afrika sowie an die beinahe völlige Vernichtung der Indianer in Amerika wie auch der Aborigines in Australien!

Wird uns eine Lüge aufgetischt, dass noch im Jahre 2022 ca. 800 Millionen Bürger an starkem Nahrungsmangel leiden müssen? Wahrscheinlich sind es noch viel mehr, die diese massive Menschenverachtung erdulden müssen.

Durch das Vorenthalten von Nahrung und Nährstoffen sterben täglich zahlreiche Bürger!

Entspricht es etwa nicht der Wahrheit, dass nur wenigen Geschäftsleuten in Deutschland ein sehr umfangreiches Vermögen zur Verfügung steht, während ein größerer Teil des Volkes oftmals nicht weiß, wie er den Tag oder Monat überstehen soll?

Laut der Internetseite isw-muenchen.de/2018 hat beispielsweise der Besitzer der Firma Lidl/Kaufland ca. 22 Milliarden Euro Vermögen. Die Familie Quandt/Klatten als Teilhaber einiger Firmen, unter anderem an BMW, soll sogar 31,5 Milliarden für sich in Anspruch nehmen können. Und auch Thomas Gottschalk soll ein Vermögen von ca. 90 Millionen Euro besitzen – Stand 2018.

Wer bei derartig drastischen Unausgewogenheiten davon spricht, dass jeder der Schmied seines eigenen Glücks sei, der hat sich bisher nicht wirklich mit den gesellschaftlichen Zusammenhängen im Sinne der Menschlichkeit befasst.

Vor allem wird auch hierbei offensichtlich, dass es in unserer Gesellschaft keineswegs um Gerechtigkeit und Demokratie geht. Was wiederum bedeutet, dass uns Bürgern ständig etwas vorgegaukelt wird.

Immer wieder werden riesige Summen zum Beispiel für Kriegswaffen und -gerät ausgegeben.

In den vergangenen Jahren seitens der Deutschen Regierung jährlich bis zu 55 Milliarden Euro. Dies sind nur die veröffentlichten Zahlen.

Die sogenannte Staatsoper von Berlin wurde 2016/2017 großzügig renoviert. Die Kosten, ca. 400 Millionen Euro, übernahm größtenteils die Bundes- und Landesregierung.

An dieser Stelle könnten noch weitere, fragwürdige Investitionen genannt werden.

Was wir nicht vergessen dürfen, sind die vielen Millionen Euro, die politische Parteien – insbesondere die schon lange etablierten – alleine nur für Wahlwerbung ausgeben.

Und wofür?

Interesse an einer wahrhaft menschlichen Gesellschaft haben diese Vertreter bislang nicht. Letztlich sind sie unter dem Strich nichts anderes, als berechnende Geschäftsleute, die mit ihrem Amt und dunklen Anzügen nach außenhin den „Deckmantel" der Seriosität tragen.

Erscheint uns auf den Straßen eine Fata Morgana, wenn wir dort unsere Mitbürger auf dem Boden sitzen sehen, die in aller Regel weder eine Wohnung noch genug Nahrung haben?

Nein – und es macht keinen Spaß, auf der Straße um Almosen zu bitten.

Zahlreiche Bürger lassen sich einreden, dass es diesen Menschen, die am Straßenrand, unter Brücken oder in Parks ausharren, doch eigentlich gut ergehe und sie nur zu „faul" seien, um zu arbeiten.

Auch zu solchen bürgerfeindlichen Gedanken und Aussagen wurden viele unter uns manipuliert!

Die Wahrheit wird gänzlich auf die Seite geschoben, um in erster Linie Bürger gegen Bürger aufzubringen – mit dem schamlosen Ziel, die Mehrheit unter uns von einem Hinterfragen des tatsächlichen, gesellschaftlichen Geschehens abzuhalten.

Die Wahrheit ist auch, dass der Großteil der Missverständnisse zwischen Bürgern vor allem deshalb entsteht, weil wir die Bevölkerung, sehr oft den Kopf nicht frei haben.

Das Leben soll von Arbeit, Konsum und zusätzlich – so wünschen sich das die Berufspolitiker und ihre Anhänger – von ehrenamtlichen Tätigkeiten erfüllt sein.

In dieser künstlich gestalteten Realität schaffen es nur wenige, Zeitfenster zu finden, um ihren persönlichen und zwischenmenschlichen Angelegenheiten im Sinne eines würdebeachtenden Lebens wirklich ausreichend nachzukommen.

Die finanzielle Beengtheit aufgrund zu niedriger Löhne, geringster, sozialer Unterstützung, zu hoher Mieten und viel zu hoher Steuern, hinterlässt für die meisten Bürger eine weitere, enorme Belastung.

Dieser Stress, der beinahe allgegenwärtig ist, blockiert sowohl die von Natur aus vorhandene Liebenswürdigkeit als auch das Hineinversetzen in die Lebenssituation anderer Bürger.

Unverständnis und Intoleranz sind die offenkundigen Folgen dieser methodisch herbeigeführten Sackgasse.

Ist es denn unwahr, dass zahlreiche Menschen über Tiere sprechen, die es zu schützen gilt? Ihnen liegt besonders am Herzen, dass Hunde, Katzen und das Pferd genügend Futter bekommen. Dabei werden große Anstrengungen unternommen, damit die Tiere sich geborgen fühlen und ein Dach über dem Kopf haben.

Aber was ist mit vielen Bürgern?

Warum wird oftmals darüber hinweggesehen, dass sie zur Tafel gehen müssen und kein Obdach oder keine Wohnung haben?

Weshalb werden unsere Mitbürger, denen der Zugang zu einer wirklich sinnvollen Arbeit verwehrt bleibt, obendrein noch beschimpft?

Hier zeigt sich das Mittelalter – nicht die sogenannte Neuzeit!

Wenn wir uns von Aufrichtigkeit und Empathie leiten lassen, wird es negativen Gedanken gegenüber anderen Bürgern schwer fallen, sich durchzusetzen.

Mit dem beständigen Verlangen nach Wahrheitsfindung lässt sich jede Lebenslage besser differenzieren und beurteilen.

Als Menschen müssen wir es uns wert sein, bedrückende, widersprüchliche Vorgehensweisen nicht länger hinzunehmen!

Von daher sollte es das verstärkte Anliegen möglichst aller sein, überall ein wohlwollendes Umfeld mit einer offenen und harmonischen Atmosphäre zu schaffen.

Dort, wo dies nicht zugelassen wird, müssen wir mit Geschick und Beharrlichkeit einen Beitrag dazu leisten, dass Mauern nach und nach fallen.

Sobald also jeder von uns die Wahrheit als notwendigen Maßstab seines Lebens gelten lässt, kann statt bloßer Hoffnung und Last irgendwann eine Welt entstehen, in der das natürliche Menschsein an der vordersten Stelle steht.

Solange die meisten unter uns allerdings nicht daran glauben – sie die durchdringende, substanzielle Wirkung der Wahrheit anzweifeln – werden wir alle weiterhin an jedem Morgen in einer zerrissenen Welt aufwachen, in der tägliche Sorgen und schmerzvolles Leid allgegenwärtig unser Dasein bestimmen.

Wenn wir nicht selbst in die Position kommen, aus der wir bedeutende Entscheidungen treffen können, muss es unsere menschliche Pflicht sein, das Wahrheitsempfinden und den Gerechtigkeitssinn auf diejenigen zu übertragen, die in solchen Positionen sitzen.
Und solange sie – zum Beispiel Berufspolitiker, Unternehmer, Manager und Religionsführer – die nötige Reife vermissen lassen, indem sie sich gegen ein wirkliches Miteinander und eine auf Wahrheit basierende Gesellschaft regelrecht wehren, müssen wir Bürger diese existenziellen Grundlagen immer wieder einfordern!

Wir müssen die Zuschauerrolle aufgeben.
Viel mehr sollten wir im Sinne der Menschlichkeit verantwortungsbewusst und aktiv
handeln.

Sexualität,
ein natürliches Verlangen

Kannst du dir ein Leben ohne Sexualität vorstellen?
Ich bin davon überzeugt, die Mehrheit unter uns kann sich das nicht ernsthaft vorstellen – einmal davon abgesehen, dass diese besonderen Empfindungen durch Krankheit oder einen Unfall erstickt werden können.

Zu unserer psychischen und körperlichen Beschaffenheit gehören das sexuelle Verlangen genau so wie unsere Geschlechtsorgane – alles bildet eine natürliche Einheit.

Sobald es um Erotik und Sex geht, wird im Allgemeinen von -Trieben- gesprochen. Allerdings bin ich der Auffassung, dass es sich viel mehr um ein *Verlangen* handelt, das unser Dasein auf seine Weise wesentlich mitbestimmt.

Wenn wir uns über die Sexualität Gedanken machen, kann es nicht ausbleiben, dass wir dabei auch über unsere Haut nachdenken. Beide sind untrennbar miteinander verbunden – und dies aus gutem Grund: Die Haut ist ein wahres Bündel an Sensibilität. Läge die gesamte Haut eines Erwachsenen auf einer Fläche, so wären fast zwei Quadratmeter mit ihr bedeckt. Bereits in einem Quadratzentimeter dieses wunderbaren Organs befinden sich unglaublich viele Zellen. Davon ca. 5 000 als Sinneskörper, 200 Schmerzpunkte, ca. 25 Druckpunkte, zwei Wärmepunkte, ca. 12 Kältepunkte, ca. ein Meter Gefäßadern sowie ca. vier Meter Nervenfasern.

Es ist demnach leicht erkennbar, dass unser größtes Sinnesorgan, die Haut, eine wichtige Rolle bei der Sexualität spielt.

Ohne jeden Zweifel – wir sind ganz Natur.

Ein Beispiel: Steigen wir frühmorgens unausgeschlafen aus dem Bett, werden wir dies unmittelbar spüren. Wiederholt sich dieser Zustand in den darauffolgenden Tagen, leidet unsere gesamte geistige und physische Verfassung darunter. Nach und nach breitet sich tiefsitzende Unruhe in uns aus und recht schnell reagieren wir beim Kontakt mit unseren Mitmenschen gereizt. Missstimmungen sind vorprogrammiert und führen mit der Zeit zu heftigsten Auseinandersetzungen – ob zu Hause, im Freundeskreis oder mit Kolleginnen und Kollegen bei einer Beschäftigung.

Das sind aber längst nicht alle Sorgen, die entstehen können, wenn ein Grundbedürfnis zu wenig oder gar keine Beachtung erhält.

Der Schlafmangel überträgt sich gleichzeitig auf das Ernährungsverhalten und beeinflusst außerdem die täglichen Entscheidungen, mit entsprechenden Folgen.

So, wie es mit dem Schlafen ist, verhält es sich auch mit unserer Sexualität. Sie hat einen starken Einfluss auf unser tägliches Leben – nicht zuletzt deshalb, weil es dabei zudem um die Grundbedürfnisse Neugierde, dem Mitteilungsgrundbedürfnis, Zuneigung, Geborgenheit, Anerkennung und Harmonie geht.

Alles hängt miteinander zusammen. Es kommt einem Dominoeffekt gleich – das eine motiviert sich durch das andere. Nehmen wir solche Zusammenhänge nicht wahr oder schieben sie leichtfertig zur Seite, kommt es recht schnell zu einem schmerzvollen Gefühl von Leere, die unsere Persönlichkeit labil werden lässt.

Im Trubel des ständigen Beschäftigtseins, das sehr oft von Hektik und Sorgen geprägt ist, vernachlässigen Viele ihre Grundbedürfnisse – ganz so, als wäre es nicht wichtig, sich seiner menschlichen Empfindungen bewusst zu sein.

In der Stille und im Zwiegespräch mit uns selbst, beides sollten wir regelmäßig nutzen, bemerken wir, was tatsächlich in uns vorgeht.

Die Sexualität ist für zahlreiche Menschen nach wie vor ein heikles Thema. Warum dies selbst noch im Jahre 2022 so ist, kann in einem Rückblick auf unsere historische Vergangenheit offensichtlich werden.

Gerade in den vergangenen Jahrhunderten wurde die Natürlichkeit bei der großen Mehrheit der Menschen – beispielsweise die schlichte Nacktheit und verschiedene Emotionen – massiv unterdrückt.

Ob selbsternannte Könige, weitere Adelsangehörige, Religions- und Heerführer, die sich überwiegend mit Gewalt über das Volk stellten – sie lebten ihre sexuellen Begierden hinter verschlossenen Türen aus, während sie es der Bevölkerung kaum gestatteten.

Ihre eigene Unzulänglichkeit ließ nur einen sehr beengten Blick auf die Bürger zu. Vor allem aber war es die Angst vor Kontrollverlust. Für sie war es mehr oder weniger undenkbar, dass einfache Bürger freizügig lebten.

Alles wurde kontrolliert! Das galt eben auch für das Sexualleben. Dieses andauernde, bedrohliche, starke Einwirken auf die psychische Entwicklung unzähliger Bürger verhinderte letztlich ein Aufblühen aller natürlichen Gefühle.

Infolgedessen konnte sich die Sexualität bei einem Großteil der Menschen nicht frei entwickeln.

Ängste und Hemmungen manifestierten sich in den Köpfen und wurden von einer Generation auf die nächste übertragen. Hinzu kamen verschiedenste Krankheiten, die den freieren Umgang des Geschlechtslebens ebenso beträchtlich einschränkten.

Alles zusammengenommen ist es kein Wunder, dass auf unserer Sexualität, ganz allgemein, auch in der Gegenwart noch immer ein erschwerlicher Schleier liegt, der Unbefangenheit kaum zulässt.

Kinder sind suchend

Kinder beginnen recht früh damit, ihren eigenen Körper zu erforschen. Die menschliche Natur ist in ihrer grundsätzlichen Veranlagung wunderbar frei. Deshalb ist es auch völlig normal, dass Kleinkinder an sich selbst alles „untersuchen" möchten. Zu diesem Zeitpunkt kennen sie die unnatürliche Scham noch nicht, die sie jedoch binnen kurzem etikettegerecht anerzogen bekommen.

Beispielsweise werden sie recht bald an das Verdecken ihres Körpers gewöhnt. Es geht dabei nicht nur um den Schutz vor Kälte oder Nässe – die alten Gewohnheiten sorgen dafür, das natürliche Nacktsein eher als etwas Unmoralisches anzusehen. Damit sind unsere Kinder schon den ersten Zwängen ausgeliefert, die nach und nach zunehmen.

Im Alter von ungefähr acht bis zwölf Jahren, in dieser Lebensphase sind sie schon heranwachsende Persönlichkeiten, lehnen sie sich gegen die zahlreichen Maßregeln mehr und mehr auf. Schnell erleben sie, dass ihr natürliches Verhalten einem vorgefertigten Schema gegenübersteht.

Das berechtigte sich zur Wehr setzen wird allgemein als Pubertät verstanden, weil in diesem Lebensabschnitt zeitgleich hormonelle Veränderungen eintreten. Allerdings handelt es sich dabei um zwei verschiedene Vorgänge, die meiner Überzeugung nach zum Wohle der jungen Menschen nicht in einen Topf gehören.

Kinder und Jugendliche müssen das Recht haben, Unverständliches offen zu hinterfragen, sich eine Meinung zu bilden und die eigene Würde entsprechend zu schützen.

Im Stadium des Heranwachsens und inmitten der unzähligen Einflüsse von außen – die fast täglich auf sie einwirken – konkretisieren sich die ersten sexuellen Vorstellungen.

Das andere oder gleiche Geschlecht erhält nun eine neue Bedeutung. Aussehen, Verhalten und auch Gerüche lösen einnehmende Reize aus, wodurch sich das Begehren intensiviert.

Auf der Suche nach dem Erfüllen der Grundbedürfnisse, nach Identität und dem Sein überhaupt, drängt sich sexuelles Verlangen immer stärker in den Vordergrund und bestimmt einen nicht unwesentlichen Teil des Gedankengutes.

Die jeweilige Ausprägung kann unter dem reifenden Nachwuchs gewisse Unterschiede zeigen. Die einen verspüren ein pochendes und die anderen ein etwas weniger stärkeres Verlangen.

Zur selben Zeit werden schrittweise die ersten Weichen für die Wertschätzung anderer Menschen gestellt. Dabei ist das gesamte Umfeld, in dem sich unsere jungen Bürger befinden, entscheidend. Alles, was in diesem Lebensradius vor sich geht – dazu gehören die Schulen, Ärztinnen und Ärzte, Vereine sowie die sogenannte Medienlandschaft – ist für ihre Zukunft ausschlaggebend.

Unsere Kinder und Jugendlichen benötigen aufrichtige, gerechte und couragierte Wegbegleiter – und die brauchen sie eben auch hinsichtlich der Sexualität.

Wir dürfen unseren Nachwuchs nicht im Regen stehen lassen. Wir müssen mit den Jungen und Mädchen ganz offen über ihren Körper, ihre Geschlechtsorgane, ihr natürliches Verlangen, sexuelle Verhaltensweisen und deren Auswirkungen sprechen. Dies nur innerhalb weniger Schulstunden im Jahr zu tun, ist verantwortungslos.

Entsprechend der Wichtigkeit muss es zur Normalität werden, dass das Vermitteln von Kenntnissen über das Grundbedürfnis Sexualität einen festen, angemessenen Platz im Unterrichtsstoff der Schulen erhält!

Es steht außer Frage, dass dieses besondere Thema auch in den Familien öfter und aufgeschlossener zur Sprache kommen muss – zumindest dort, wo dies noch nicht ausreichend stattfindet.

Sexualvergehen haben ihre Ursache

Nicht selten müssen wir hören oder lesen, dass es zu sexuellen Übergriffen oder einer sexuellen Gewalttat kam. Überwiegend sind Frauen und Kinder die Leidtragenden.

In einigen Fällen enden solche schlimmen Vorgänge mit dem Tod der jeweils Betroffenen.

Die Ausüber, jene Menschen, die auf ihre Weise verzweifelt sind, geraten angesichts ihres erheblichen Vergehens in Panik, erkennen für wenige Momente die Schwere ihrer Tat und fühlen sich dazu gedrängt, die Geschändeten mundtot zu machen – und dies führt nicht selten zur todbringenden Gewaltbereitschaft.

Wenn wir wirklich wollen, dass Gewalttaten – eben auch sexuell motivierte – aufhören, müssen wir ohne Wenn und Aber der Wahrheit in allen Bereichen nachkommen und die wahren Ursachen offenlegen.

Ein wesentlicher Grund für die zahlreichen, schmerzvollen Geschehnisse liegt zweifelsohne darin, dass uns eine wirkliche, menschliche Gemeinschaft fehlt.

Solange die meisten unter uns von *fremden* oder gar *wildfremden* Menschen sprechen und sich gegenseitig minder schätzen, wird es Ausgrenzung, unnötige Einsamkeit und Verzweiflung geben.

Allgemein betrachtet lebt ein größerer Teil der Bevölkerung bisher in einem Dasein, in dem menschliche Eigenschaften keine besondere Rolle spielen sollen. Dies führt unweigerlich zu einer beträchtlichen, negativen Lebensführung – lässt aus grundsätzlich sensiblen, aufrichtigen und zugewandten Menschen distanzierende, unbesonnene Mitläufer werden, die zudem oft über ihre Mitbürger hinweg blicken.

Und auch daraus entwickeln sich in kleinen, jedoch sicheren Schritten, nach außenhin zunächst kaum erkennbar, verzweifelte Persönlichkeiten, die früher oder später den aufdiktierten Zwängen erliegen.

Bis ein Mensch die Kontrolle über sich selbst verliert, befand er oder sie sich im Regelfall zuvor viele Jahre in einem unharmonischen, meist entmutigenden Lebenszustand.

Im Karussell der alltäglichen Ungereimtheiten und auffressender Banalitäten wird der Mehrheit unter uns das Bewusstsein für ernsthaftere Zusammenhänge häufig entrissen.

Wenn ein resignierter Mensch mit Sorgen und psychischen Qualen eine längere Zeit alleine bleibt, schwinden seine emotionalen Energien zusehends und erreichen nach und nach einen Tiefpunkt. Dann enden positive Gedanken in einer Sackgasse.

Ein Mensch in dieser Lage wünscht sich einen Ausweg zu finden – zur Ruhe zu kommen, damit die inneren Zweifel aufhören.

Der stille Ruf eines Hilfesuchenden, der manchmal nur einen Atemzug entfernt im Kreise von Freunden, Kollegen und Familienangehörigen ein scheinbar normales Leben führt, bleibt ungehört.

Deprimierte Menschen erleben solche Umstände besonders intensiv und sehen sich in einer nie zu Ende gehenden Einbahnstraße.

Das Verlangen nach Befriedigung der Grundbedürfnisse, wie der Sexualität, wird zum unerträglichen Schmerz.

Demzufolge gerät die persönliche Stabilität der Betroffenen nach und nach aus den Fugen. Das Ringen zwischen der menschlichen Natur und der andauernden, bedrückenden Lebenspraxis verschlingt die Kraft, die eigentlich für die täglichen Notwendigkeiten gebraucht wird.

Innere, lauter werdende Aufschreie dringen nicht nach außen, verbleiben im Selbst und erzeugen auf diese Weise erschöpfenden Verdruss. Spätestens an dieser Stelle wäre es höchste Zeit, sich gegenüber einem vertraulichen Menschen öffnen zu können.

Das emotionale Dilemma, in das nicht wenige von uns hineingeraten, führt zu unterschiedlichen Auswirkungen.

Wenn Grundbedürfnisse über einen gewissen Zeitraum hinweg kaum oder gar keine Beachtung erhalten – ob nun vernachlässigt durch uns selbst oder das jeweilige Umfeld – wird es früher oder später zu inneren, psychischen Spannungen kommen, die nicht ohne Folgen bleiben.

In den meisten Fällen ermüdet die Eigenmotivation und das Interesse am Leben überhaupt. In einem weiteren Stadium verliert auch der Selbsterhaltungstrieb nach und nach seine besondere, aufbauende Substanz und kann der lebenserhaltenden Funktion nur bedingt gerecht werden. Die betroffenen Bürger fallen allmählich in sich zusammen.

Starke, psychische Niedergeschlagenheit und körperliche Erkrankungen werden die Zeugen eines längeren Daseinskampfes.

Aus dieser Dunkelheit kann ein Mensch nicht mehr alleine herausfinden. Hier braucht es die intensive Hilfe wohlwollender, einfühlsamer Wegbegleiter.

Es gibt aber auch Menschen, deren Natur auf den Mangel an Gemeinschaft und das Unbefriedigtsein von Grundbedürfnissen anders, spannungsgeladener reagiert.

Hat das Ungemach sich einmal festgesetzt, bohrt sich aufkeimende, demoralisierende Frustration Stück für Stück in das Innerste der Psyche.

Diejenigen, die sich in einer so gearteten, scheinbar ausweglosen Lage befinden, würden gerne aufatmen, durchschnaufen und sich freier fühlen. Jedoch sind sie oft schon zu lange mit ihren Problemen alleine – sie fanden für sich nicht den richtigen Weg, ihre scheinbar unlösbaren Sorgen einer vertrauten Person mitzuteilen.

Jeder einzelne von ihnen wäre dankbar, befände sich in seinem Umfeld jemand, der ihn wirklich versteht ohne, ihn bei nächster Gelegenheit in Verruf zu bringen.

Ein Mensch, der ihm seinen Arm auf die Schulter legt und zu ihm sagt: *Du bist nicht alleine, und du kannst aus dieser verworrenen Situation nach und nach herauskommen.*

Was aber, wenn da niemand ist? Dann war das verhaltene Appellieren an die Außenwelt – mit dem es schwer fiel, die bereits latent aufsteigende Aggressivität zu verbergen – erfolglos.

Mit immenser Anstrengung gelingt es noch einmal, nützliche, körperliche und psychische Energien freizusetzen, wodurch die quälende Einsamkeit zu weichen scheint.

In dieser Phase entwickelt sich neuer Mut, um das innerliche, dringende Begehren doch noch in den Griff zu bekommen.

Allerdings ist die gefühlte Distanz zu Mitmenschen, die vielleicht doch noch zur Seite stehen könnten, inzwischen sehr groß. Jeder Ansatz von Eigeninitiative erschlafft.

Das pulsierende Verlangen nach Zuneigung und sexueller Befriedigung wird nun immer schmerzlicher – es ist kaum noch zu ertragen. Diese unbändige Sehnsucht, die durch Geist und Körper fließt, verdrängt vernünftige Gedanken.

In einem Augenblick tiefster Verzweiflung kommt es zu einer entladenden Entscheidung, die für kurze Zeit Ängste verlieren lässt.

Das Schreckliche geschieht. Eine Frau oder ein Kind sollen das zermarternde Verlangen stillen. Der Adrenalinspiegel steigt. Jetzt kann einen Menschen, der inmitten eines solchen zugespitzten Ausnahmezustandes steckt, fast nichts mehr davon abhalten, das zu tun, was sich die letzten Wochen und Monate immer wieder in ihm aufdrängte.

Verständnis wie auch Mitgefühl für das ausgewählte Opfer werden durch das Abreagieren lange aufgestauter Einsamkeit und Frustration ersetzt – dies geschieht dann leider auch anhand sexueller Gewalt.

Liebe Leserin, lieber Leser,
es ist von außerordentlicher Wichtigkeit, unser Leben mit bewusster Sensibilität wahrzunehmen.
Wir müssen zuhören und hinterfragen.
Vermeiden wir Ausgrenzung jeglicher Art und nehmen wir Ungerechtigkeit, egal, von wem auch immer praktiziert, zu keinem Zeitpunkt hin!
Nur auf diese Weise können Kummer und Schmerz größtenteils vermieden werden.

> Wir Menschen sind von Geburt an freundliche Wesen – wir müssen uns nicht erst dazu zwingen.
> Wir sollten uns nur zutrauen, menschlich authentisch zu sein, dann ergibt sich Vieles von allein.

Wir sind Gemeinschaftswesen

Niemand wird verneinen, dass jeder von uns ein Individuum ist. Die Spezies Mensch mit allen ihren wunderbaren Eigenschaften ist damit alleine aber noch nicht erklärt.

Weshalb leben wir in Dörfern und Städten? Warum entwickelten sich daraus Gesellschaften?
Die Antwort auf diese beiden Fragen kann nur lauten:
Weil wir auf unsere Mitmenschen angewiesen sind.
Wir sind zweifelsfrei *Gemeinschaftswesen*, die ohne das Miteinander nicht wirklich existieren können – jedenfalls nicht über einen längeren Zeitraum.
Unsere gesamte körperliche und psychische Beschaffenheit ist von Natur aus dazu angelegt, dass wir uns gegenseitig ergänzen, unterstützen, motivieren und geistig bereichern.

Nicht erst heute wird beinahe alles getan – seitens der Berufspolitiker und einigen Konzernchefs – um zu verhindern, dass wir Bürger zu einer wahren Gemeinschaft verschmelzen.
Bislang gelang ihnen das mit der Anwendung vieler subtiler Mittel. Schließlich konnten die allermeisten Bürger in eine fast weltumspannende *Scheinwelt* gedrängt werden, die ein freieres Dasein nicht zulässt.
Leider besitzen wir Menschen die Fähigkeit, uns selbst an schlimmste Umstände zu gewöhnen.

Genau darin liegt ein tieferer Grund, warum die Mehrheit der Bevölkerung fast alles über sich ergehen lässt.

Es ist wie ein Eingewobensein in einem Netz,
das unwirklich erscheint, jedoch ein freieres
Dasein ständig verhindert.

Und so befindet sich eine Vielzahl von Menschen innerhalb vorgegebener Denkmuster, die sie selbst kaum hinterfragen. Das Losreißen von obligatorischen Abläufen und Besitzansprüchen gelingt nur in Ausnahmen.
Mit dieser abwegigen Einstellung bleibt es dabei, dass die täglichen, belastenden Vorgänge über das Leben bestimmen.
Daraus wiederum entsteht Stress, der keinen menschlichen Fortschritt hervorbringt, sondern weiter und weiter in die kleinhaltende Abhängigkeit führt.

Ein Job, der nicht wirklich Freude macht, weil der Chef oder die Vorgesetzten kaum Rücksicht auf Menschlichkeit nehmen, und die Angst – bei Unachtsamkeiten oder dem Äußern einer kritischen Meinung plötzlich in die sogenannte Arbeitslosigkeit zu müssen – rauben vielen Bürger ein großes Stück Lebensqualität.
Das Spießrutenlaufen, sobald die herkömmliche Beschäftigung nicht mehr ausgeübt werden kann und die anschließende, soziale Unterstützung, die meist nur das momentane Überleben zulässt, bringen zahlreiche Bürger in andauernde Bedrängnis.
Gravierende Auswirkungen, beispielsweise für den Selbsterhaltungstrieb, sind die Folge.

Eine schwere Krankheit, für welche die Betroffenen oft viel zu wenig Beachtung erhalten – auch finanziell – zehrt unablässig an den Kräften und zermürbt die Hoffnung auf ein würdebeachtendes Dasein.

Das niedrige Altersruhegeld (die Rente) erzeugt immer wieder aufs Neue verstörende Selbstvorwürfe, *nicht gut genug* zu sein.
Der Kredit bei der Bank, der letztlich bedeutet, regelmäßig Schulden abzahlen zu müssen, lässt einen erholsamen Schlaf in weite Ferne rücken.

Das emotionale Hin- und Hergerissensein, die negativen Spannungen in nicht wenigen Ehen und Partnerbeziehungen, blockieren einen losgelösten, würdevollen Umgang mit anderen Bürgern.
Die Hauptursache sind betont unterschiedliche, individuelle Lebensphilosophien, die sich aus dem künstlich erstellten Gesellschaftsgebilde und einer vermeintlichen, materiellen Vielfalt speisen.

Durch diese eingeengte, fehlgeleitete Weltordnung wird einem Großteil des Volkes der Freiraum genommen, der nötig ist, um den natürlichen, menschlichen Eigenschaften mit ganzer Hingabe tatsächlich zu entsprechen.
Nur in vordergründiger Bewertung entsteht regelmäßig der Eindruck, als müssten wir Bürger diese sehr unausgewogenen Verhältnisse hinnehmen.
Dem aber ist keineswegs so!

Durch unsere menschenspezifischen Attribute – die allesamt mit den Grundbedürfnissen eng verflochten sind – können wir die freiheitsbeschneidenden Einengungen und sozialen Verwerflichkeiten zurückdrängen und maßgeblich verringern.

Vielen Bürgern wurde eingeredet, dass wir Menschen gar nicht fähig seien, in einer wohlwollenden Gemeinschaft zusammenzuleben. Gier, Neid und Machtbesessenheit würden von Geburt an in uns stecken und ließen ein gutes, auf Wahrheit basierendes Miteinander erst gar nicht zu.
Solche missgünstigen Beurteilungen werden nur von Personen und Gruppen verbreitet, die mit möglichst allen Mitteln vermeiden wollen, dass wir Bürger uns gegenseitig mehr Vertrauen schenken und letztlich darauf aufbauend eine Gemeinschaft bilden.

Im Grunde weiß jeder unter uns, welche Dinge falsch laufen und weshalb die Würde von Menschen verletzt wird.
Wer ehrlich zu sich selbst ist, wird zugeben, dass er zumindest hin und wieder über seine Mitmenschen nachdenkt, die in prekären Situationen ausharren müssen. Allerdings erliegen die meisten recht schnell den täglichen Normalitäten und lassen sich zu Gedanken verleiten, die ihnen vorspiegeln, dass sie ja doch nichts an den Problemen der Anderen ändern könnten. Außerdem hätte man schon genug mit sich selbst zu tun.
Kann es sein, dass eine Vielzahl von Menschen nur die Vorgänge beharrlicher verfolgt, von welchen sie sich einen schnellen, sichtbaren Erfolg oder eine baldige Anerkennung versprechen?

Solange Unternehmer und Berufspolitiker das Maß unserer Freiheit/Freizeit größtenteils bestimmen, ist die Mehrheit der Bürger an kurzhaltende Ketten gefesselt, die ein natürliches Miteinander verhindern.

Sind wir Arbeitstiere?

Warum sollen wir weiterhin 35 bis 40 oder gar 50 Stunden in der Woche für ein Unternehmen arbeiten?
Vergessen wir dabei nicht, dass eine Vielzahl von Produkten hergestellt wird, die für uns Bürger und das Gemeinwohl nicht wirklich nützlich sind!

Wir brauchen eine Umwandlung!
Von bedürfnis- in überwiegend grundbedürfnisorientierte Beschäftigungs- und Wirtschaftsverhältnisse.

25 Stunden wöchentlich wären völlig ausreichend!
Selbstverständlich müssen dazu die festgefahrenen Strukturen – wie zum Beispiel die Lebenshaltungskosten – entsprechend im Sinne aller Bürger korrigiert und gesichert werden. Das gilt im gleichen Maße für alle Steuern.

Dieser ernstgemeinte und umsetzbare Gedanke ist nicht neu. Seit Jahren schon hört man immer wieder einzelne Stimmen, die dasselbe oder Ähnliches fordern.

Jeder, der sich eine bedeutend menschlichere Gemeinschaft wünscht, muss kürzere Arbeitszeiten in allen Bereichen bejahen. Schließlich geht es um das äußerst wertvolle Gut *Lebenszeit*. Und diese wird vielen Bürgern nach wie vor in einem erheblichen Ausmaß regelrecht gestohlen.

Gleichzeitig führen weitere Mechanismen zu einem schier dauerhaften, stressauslösenden Druck, der viele Bürger nicht wirklich zur Ruhe kommen lässt.

Die daraus entstehenden Folgen – Unzufriedenheit und existenzielle Ängste – müssen wir als Hauptfaktor dafür nennen, dass Menschen sich regelrecht einigeln, um nicht noch weiteren Verletzungen ausgesetzt zu sein.

Für die Verursacher läuft damit alles nach Plan.

Die Bevölkerung meidet oder bekämpft sich gegenseitig und übersieht deshalb, wo die tatsächlichen Wurzeln der alltäglichen Schwierigkeiten verborgen liegen.

So ist es doch längst überfällig, endlich die Courage aufzubringen und sich einzugestehen, dass wir seit langem schon in einer verkehrten Welt leben, in der die Grundstrukturen auf Unwahrheiten basieren.

Demnach steht es völlig außer Frage, dass der Obrigkeitszirkus, der von Wenigen vehement aufrechterhalten und sogar noch vorangetrieben wird, schnellstmöglich beendet werden muss.

Die effektivsten Mittel, der unablässigen, perfiden Manipulation entgegenzuwirken, tragen wir bereits in uns.

Wenn wir bewusst auf unsere Grundbedürfnisse achten, dies

gleichwohl bei unseren Mitbürgern tun, wird es in kleinen, sicheren Schritten zu einer beeindruckenden, positiven Veränderung kommen!

... verschüttet, aber nicht verloren

Unser eigentliches, natürliches Potential ist noch immer unterschätzt!

Nichtsdestominder erweiterten sich in den letzten Jahren die Kenntnisse über das menschliche Gehirn.

Das erworbene Wissen versickert jedoch zum größten Teil im täglichen Überlebensdrama, in der Konsumspirale oder in endlosen, kommerziellen Geschäftsritualen.

Fest steht, dass unser Gehirn höchst universell ausgestattet ist. Wir sind in der Lage, komplexe Zusammenhänge in gedanklich greifbare Abläufe einzuordnen. Es ist uns auch gegeben, feinste, motorische Fertigkeiten auszuüben, hochpräzise, medizinische Geräte herzustellen und die Planung sowie den Bau von mächtigen Brücken in die Praxis umzusetzen.

Die Erstellung von Häusern, Straßen und Kanalisation zeigt ebenso, dass im Grunde jeder Bürger mit großartigen Fähigkeiten ausgestattet ist. Im Einzel- und Großhandel beweist sich dies auf seine Weise.

Die Geschicklichkeit der Bürger wird auch in Bereichen sichtbar, wo weitere, wichtige Fertigkeiten notwendig werden, wie bei Tätigkeiten in Pflegeheimen und Krankenhäusern, Rettungsdiensten, Feuerwehr und nicht zuletzt auch bei der Post.

Aufgrund unserer umfangreichen Gehirnstruktur können wir zudem sehr analytisch über unsere eigene, natürliche Beschaffenheit nachdenken.

Mit dem Vorhandensein unserer Grundbedürfnisse und der damit verbundenen Würde kommt es schließlich zu einer geistigen, emotional-körperlichen Einheit, die uns zweifelsfrei zum *Gemeinschaftswesen* macht.

Dennoch ist oftmals zu hören, dass jeder für sich selbst verantwortlich sei, und wer auf der Straße oder unter einer Brücke sitzt, ist selbst schuld daran oder will dies so.

Das sind die vordergründigen Beurteilungen zahlreicher, zuschauender Bürger, die leider nicht um die Ecke denken.

Viele Tausende unserer Mitmenschen wurden und werden in die Obdach- und Wohnungslosigkeit gedrängt, die ihnen den letzten Rest an Privatsphäre raubt.

Und obendrein müssen sie dann miterleben, dass diejenigen – die eben nicht oder noch nicht betroffen sind – über sie richten, als hätten sie etwas verbrochen.

Nicht genug über die Hintergründe und Zusammenhänge zu wissen, verleitet schnell dazu, missgünstig und ausgrenzend zu urteilen.

Ein Leben ohne Privatsphäre

Kannst du dir dein Leben ohne Privatsphäre vorstellen?
Du könntest nicht einfach nach Hause gehen, um in aller Ruhe zu duschen, dich auf deinem Sofa oder dem Bett ausruhen und dir anschließend in deiner Küche ein Essen zubereiten.

Ein Teil unserer Mitbürger – dies gilt für Deutschland und die meisten Länder dieser Welt – befindet sich in der würdeverletzenden Situation, das tägliche Leben ohne Privatsphäre ertragen zu müssen.

Die Regierungen, auch die Früheren, schufen einen bürgerfeindlichen Gesetzesdschungel, der es zulässt, dass Menschen ohne Obdach ausharren müssen. Zuvor verloren sie bereits Stück um Stück ihre Habe.

Es blieb ihnen in aller Regel nur das Allernötigste. Viele schliefen lange Zeit auf dem Fussboden, weil auch das Bett oder Sofa verkauft werden musste oder es ihnen einfach weggenommen wurde – die Macht des Stärkeren ...

Und schließlich drängte man sie kaltschnäuzig aus der Wohnung. Die jeweiligen Behörden trugen und tragen erheblich dazu bei. Sie agieren im Sinne der regierenden Berufspolitiker, deren fortwährendes Ziel es ist, möglichst viele Bürger in einem ständigen Unruhezustand zu halten, damit sie ihrer selbst nicht bewusst werden und kaum zum Nachdenken kommen.

Gehörst du vielleicht zu den Menschen, die solche stark ausgrenzenden, für die Betroffenen sehr schmerzlichen Zustände nicht glauben wollen?

Bist du der Ansicht, dass es so etwas in Deutschland nicht gibt? Falls du wirklich nicht wissen solltest, was in diesem Lande und auch in anderen Ländern tatsächlich vor sich geht, ist es an der Zeit, dass du die versteckten Vorgehensweisen in der Gesellschaft künftig besser erkennst!

Wenn man einem Bürger die Privatsphäre nimmt, bedeutet dies, dass die Betroffenen den äußeren Umständen ständig ausgeliefert sind.

Ihnen wurde die wichtige, menschlich notwendige Möglichkeit entrissen, sich entsprechend zurückzuziehen.
Sie können die Türe hinter sich nicht einfach zu machen, um Ruhe zu finden.
Unsere obdachlosen Mitbürger „leben" in einem Zustand, der ihre Würde Tag ein und Tag aus völlig unbeachtet lässt.
Es mangelt sozusagen an allem!
Sie haben keine Wohnung und auch kein Zimmer, um ihren persönlichen Interesssen nachzukommen.
Den Wetterverhältnissen sind sie genauso ausgesetzt, wie den schiefen Blicken vorbeigehender Passanten.
Es bleibt ihnen verwehrt, situationsbedingt eine Toilette aufsuchen zu können, sobald sie das natürliche Bedürfnis danach verspüren.

Mitbürger, die keine eigene Wohnung haben, fehlt es oft an Nahrung. Und wenn sie Lebensmittel bekommen, enthalten diese in vielen Fällen – aufgrund des Frischeverlustes – nur noch wenig Nährstoffe.
Einen Zugang zu sauberem, frischem Wasser, um sich bei Bedarf zu waschen, haben sie nicht.
Genauso wenig steht ihnen ein stabiles, sauberes Bett zur Verfügung, das ihnen einen guten Schlaf ermöglicht.
Es ist auch nicht überraschend, dass sie in aller Regel kaum mit der nötigen Kleidung unterwegs sind, die sie vor verschiedenen Witterungsverhältnissen schützt.
Auf die schlimmste Art und Weise werden sie ausgegrenzt.
Einsamkeit ist stets zugegen. Die meiste Zeit suchen sie nach Wegen und Mitteln, die Tage und Nächte irgendwie zu überstehen.

In einem Land, in dem es obdach- und wohnungslose Bürger gibt, fehlt es an Kulturverständnis und gesellschaftlichem Stil!

Wir sitzen doch alle im selben Boot.
Warum wird das immer wieder vergessen?
Nein, vergessen ist das nicht. Viel mehr hält die künstlich erzeugte „Matrix" – die uns Bürgern übergestülpte Schablone – Teile der Bevölkerung beständig davon ab, einen empathiegeprägten Umgang untereinander zu pflegen.
In Einzelfällen gelingt es uns manchmal dennoch.
Um eine wirklich natürliche, deutlich friedfertigere Gemeinschaft hervorzubringen, ist das aber keinesfalls genug.
Selbstzweifel, die sich bei zahlreichen Bürgern vor allem durch unaufhörlichen Leistungsdruck entwickeln, blockieren den unbeschwerten Zugang zu anderen Mitbürgern.

Die Zerstörung des Selbstvertrauens geschieht auch mit Hilfe der völlig überproportionalen Verwaltungs- und Kontrollgremien in beinahe allen Lebensbereichen.
Zudem werden fortlaufend Ängste erzeugt, indem viele Stellen des täglichen Lebens einem *Bestrafungssystem* unterliegen.
Ist es dann ein Wunder, dass wir selbst im Jahre 2022 von einer wirklich menschlichen Gemeinschaft noch weit entfernt sind?
Nichtsdestotrotz müssen wir uns dazu durchringen, unseren inneren Kern – die wertvollen Eigenschaften, die uns die Natur verliehen hat – als maßgebenden Wegweiser für

ein aufrichtiges Dasein in Würde zu erkennen und nach diesem zu leben.

Hast du schon einmal darüber nachgedacht, weshalb beispielsweise der Biergarten, das Café, Restaurant, der Konzertsaal oder das Kino Örtlichkeiten sind, die in aller Regelmäßigkeit von uns besucht werden?
Die Antwort ist nicht schwer. Weil wir als *Gemeinschaftswesen* geboren wurden.
Wer von uns geht schon gerne in ein Café oder Restaurant, indem gerade niemand sitzt?
Was wäre der Biergarten, wenn wir dort alleine säßen?
Ganz unbewusst wollen wir in der Gesellschaft von Mitbürgern sein, weil wir dadurch, unserer Wesensart entsprechend, ein Stück Geborgenheit und Anerkennung erhalten. Dies gilt gleichsam für das Mitteilungsgrundbedürfnis, das ebenso seine Beachtung braucht.

Was sind wir denn nun?
Jeder Mensch ist schlicht und einfach beides – Gemeinschaftswesen und Individuum.
Welche dieser natürlichen Eigenschaften ist für uns die Wichtigere? Beide sind auf ihre Weise relevant. Allerdings wirkt unser inneres Streben nach Gemeinschaft umfassender.

Es ist ein artspezifisches Verlangen, die Nähe anderer Menschen zu suchen. Genauso brauchen wir das gegenseitige Widerspiegeln von Reaktionen, die durch Sprache, Gestik oder Mimik zum Ausdruck kommen.
Wir hoffen instinktiv auf eine andere, weiterbringende Meinung und sind mehr oder weniger auf die unentbehrliche

Anerkennung, die wir durch einen Blickkontakt oder ein ehrliches Gespräch erfahren, angewiesen.

Und natürlich befinden wir uns – sofern wir nicht mit zu vielen, oberflächlichen Dingen beschäftigt werden – auf der fortwährenden Suche nach Sinnhaftigkeit.

Diese wiederum wird vor allem in einer wohlwollenden, offenherzigen Gemeinschaft mit unseren Mitmenschen erlebbar.

Was ist das Individuum
ohne seine Mitmenschen?

Selbst dann, sobald wir eine tolle, hilfreiche Idee oder eine geniale Erfindung hervorbringen, suchen wir in der Regel den kürzesten Weg zu Freunden, Familienmitgliedern, Kollegen, Mitstreitern oder dem Partner, um uns mitzuteilen, weil uns deren Ansichten wichtig sind.

Im Sinne von uns allen wird es deshalb höchste Zeit, dass wir den anerzogenen, unnatürlichen Sicherheitsabstand zu unseren Mitbürgern zusehends verringern.

Nur in einer ernstgemeinten, verbindlichen Gemeinschaft finden wir umsetzbare Möglichkeiten, aus dem bestehenden, notverursachenden Chaos herauszukommen.

Unser Ziel sollte es sein, das natürliche Leben auf der Erde an jeden einzelnen Tag wertzuschätzen und eine wirkliche, menschliche Gemeinschaft zu erschaffen!

Es ist nicht die Angst vor unbequemen
Entscheidungen, die unsere Gesellschaft
lähmt, sondern die Angst, unbequeme
Fragen zu stellen.

Es beginnt „oben“

Die Gewalt um uns herum ist fast schon zur Gewohnheit geworden – wir sehen sie in Fernseh- und Kinofilmen, werden ungewollt Zuschauer der Brutalität auf den Straßen, können diese anhand von Medien mitverfolgen oder sind gar selbst betroffen. Schockierend führen uns Amokläufe und Anschläge mit Sprengstoffen vor Augen, dass jeder der Nächste sein kann.

Regelmäßig kommt es zu vorhersehbaren Familiendramen, die stets erschütterndes Leid mit sich bringen.

Bürgerkriege und Kriege gelten als völlig normal, jedenfalls solange man die wirklichen Hintergründe nicht wahrnimmt ...

Die Gewalt, welche friedlichen Bürgern bei einer Demonstration durch manipulierte Polizisten entgegenschlägt, hat in den letzten Jahren wieder sichtbar zugenommen.

Physische Übergriffe folgen psychischen – wichtig ist, dass die betroffenen Bürger einem möglichst schnellen Anpassungsprozess erliegen.

Beispielsweise werden junge Bürger mit sehr fragwürdigen Argumenten dazu verleitet, sich zu Soldaten ausbilden zu lassen, indem sie den Umgang mit Waffen und das Töten von Menschen erlernen.

Die noch unbekümmerten Neulinge müssen Handlungen ausüben, die der Natürlichkeit ihres Inneren widersprechen!

Insbesondere dürfen wir die *verborgene* Gewalt nicht vergessen, welche nach wie vor in einigen Pflegeheimen vor sich geht.

Es kann nicht unerwähnt bleiben, dass ein unglaublicher Missbrauch hinter den Kulissen mancher großer Institutionen stattfand, vielleicht noch immer stattfindet.

Hinter dem Rücken der Bevölkerungsmehrheit wird Gewalt dort ausgeübt, wo alleinlebende Bürger wegen banalster Abweichungen von der üblichen Gesellschaftsnorm aus ihren Wohnungen oder Häusern vertrieben werden – angeordnet von staatstreuen Dienern, die „lediglich ihre Arbeit machen". Der jeweilige Besitz dieser im Stich gelassenen Seelen fließt nicht selten in für uns Bürger undurchsichtige Kanäle, erst recht dann, wenn es gelingt, hilflose Betroffene für psychisch krank zu erklären.

Grobes Handeln, deutlicher ausgedrückt – ein Verbrechen gegen die Menschlichkeit – ist auch, Bürger in die Obdach- oder Wohnungslosigkeit zu drängen!

Menschen in soziale Not und Armut zu bringen, sie an dieser oft Jahre und Jahrzehnte anzuketten, müssen wir als heimtückische, psychische Gewalt einstufen.

Zu der gleichen taktlosen, kraftzersetzenden Gewalteinwirkung auf unsere Mitbürger gehört das bürgerbenachteiligende Programm Hartz IV.

Dies gilt im ähnlichen Maße für den nahezu unentwegten Druck, jahrelang einer andiktierten Arbeit nachgehen zu müssen, die das Beachten der Grundbedürfnisse die meiste Zeit über vermissen lässt und außerdem schlecht bezahlt wird.

Eine Verletzung der Würde tritt zutage, sobald eine kritisch geäußerte Meinung oder Überzeugung Beschimpfungen und Ausgrenzung nach sich zieht.

Genauso müssen wir lange Arbeitszeiten in Firmen als erhebliche Vernachlässigung der Menschenwürde verurteilen, die im Grunde überhaupt nicht nötig sind.

Denken wir dabei an Nachtschichten in einer Industrie, die keine sinnvollen Produkte herstellt – wie zum Beispiel Stahl für Hochhäuser (sie werden oft als Wohnkäfige genutzt) , sowie Waffen und Kriegsgerät aller Art.

Wo gewinnoptimierende Überstunden als fester Bestandteil der betrieblichen Kalkulation gelten, erleidet die Gesundheit von Mitarbeitern eine Missachtung.

Wenn wir die überaus facettenreiche Anwendung von Gewalt genauer betrachten, kommen wir unweigerlich zu der Schlussfolgerung, dass es dabei um kaltherzige, absichtlich herbeigeführte, stark bürgerschädigende Mechanismen geht.

Warum aber lässt die Mehrheit der Bevölkerung diese Schandtaten und Schikanen immer wieder über sich ergehen? Leider muss die Antwort lauten: Reine Erziehungssache …

Wir können es drehen, wie wir wollen – am Ende trifft man stets auf dieselben, ausgeklügelten Vorgehensmuster.

Damit diese hinter verschlossenen Türen berechneten Missstände die gewünschte Wirkung erzielen, etablierten die dafür jeweils Verantwortlichen der Regierungen und der Wirtschaft – zum Teil auch religiöse Gleichgesinnte – ein riesiges, ständig drehendes Karussell der Beschäftigung.

Die verschiedenen, gewaltverursachenden Vorgänge, sind ein Teil davon.

„Der moderne Mensch
wird in einem Tätigkeitstaumel gehalten,
damit er nicht zum Nachdenken
über den Sinn seines Lebens
und der Welt kommt.“

Albert Schweitzer 1875-1965
Menschenrechtsaktivist und Arzt

Auf der Basis manipulierender Parolen wird dem Volke bei jeder denkbaren Gelegenheit nicht erst seit heute vorgegauckelt, dass die gesellschaftlichen Strukturen bestmöglich gestaltet seien. Und so kommt es, dass Viele unter uns zwischen Propaganda und Wahrheit kaum noch unterscheiden können oder, dies gar nicht mehr wollen.

In Gesprächen heißt es zum Beispiel: „Na ja, kämen wir in diese Positionen, würden wir es wahrscheinlich auch nicht anders machen.“ Solche Gedanken sind mehr als traurig – sie zeigen ermüdete Bürger, mit einem entzweiten Selbstbildnis.

Nicht weniger schlimm ist das kontinuierliche Regelwerk, mit dem die zwischenmenschliche Distanziertheit beibehalten wird. Die Berufspolitiker verkünden das Gegenteil.

Sie stellen ihre groben, freiheitseinschränkenden Entscheidungen als gut und zukunftsweisend dar.

Ihr Zynismus, zum Beispiel die von ihnen erzeugte Armut in Europa zu relativieren oder sogar als nicht vorhanden darzustellen, beweist ihr stark elitäres, missgünstiges Gedankengut. Diese stark anmaßende Haltung übertrug sich auf sie mit der Art und Weise des allgemeinen, elitären Umgangs insbesondere in den Universitäten.

Eine Bestärkung solcher anerzogener, einseitiger Denkweisen erhalten die Berufspolitiker auch durch ihr näheres Umfeld und nicht zuletzt durch konservative Verfechter des Wirtschaftswahns.

Das permanente Bestreben
nach Privilegien, Prestige und Gewinnen,
ist eine Ersatzbefriedigung für den fehlenden Mut,
Menschlichkeit in die tägliche Praxis umzusetzen.

Gewalt in Familien
Ein Beispiel

Wie oft schon haben wir gehört oder gelesen, dass es in einer Familie eine gewalttätige Auseinandersetzung gab.
Es steht völlig außer Frage – jegliche Art von Gewaltanwendung ist falsch.
Die Ausübenden müssen dafür, unter Beachtung der Verhältnismäßigkeit, gerade stehen.
In die Verantwortung sollten allerdings erst recht diejenigen genommen werden, die Not und Leid auf amtliche, willkürliche Weise über die Bevölkerungen bringen.

Die erhebliche Einengung von Grundbedürfnissen, welche aufgrund staatlicher, unausgewogener Regeln und Gesetze die tägliche Lebensqualität beschneiden, führt zu einer dauerhaften, bedrückenden, Unzufriedenheit.

Die folgende Schilderung zeigt ein Beispiel, das uns erkennen lässt, was die Nichtbeachtung von Grundbedürfnissen auslösen kann:

Zwei Männer befinden sich in einer Situation, die nicht nur sie selbst, sondern darüber hinaus auch ihre Familien belastet. Einer von beiden, nennen wir ihn *Herr Sündenbock*, arbeitet als Angestellter in der Abteilung, für die *Herr Fügsam*, der zweite Mann, die Verantwortung trägt.

In dieser Firma herrscht ganz allgemein ein rauer Ton.

Das Betriebsklima lässt auf eine rücksichtlose Geschäftsführung schließen, die nur ihre eigenen Interessen im Blick hat. Deshalb steht *Herr Fügsam* beinahe täglich unter Druck.

Die beträchtlichen, oft unstillbaren Anforderungen der Firmenleitung lassen das Menschliche nur sehr bedingt zur Geltung kommen.

Als Abteilungsleiter hat *Herr Fügsam* eine beachtliche Position inne, und diese in einem Unternehmen, in dem Umsatz sowie Gewinne an erster Stelle stehen.

Daneben dienen Mitarbeiter lediglich als Mittel zum Zweck, um selbstaufgebend möglichst alle eigennützigen Wünsche der Chefetage zu erfüllen.

Das Verhalten gegenüber *Herrn Sündenbock* ist deshalb die meiste Zeit über von angespannter Natur. Dialoge, die in diesem Falle eigentlich nicht als solche bezeichnet werden sollten, finden weit mehr über eine Art Kommandostruktur statt. Den anderen Mitarbeitern dieses Büros ergeht es kaum anders.

Demzufolge können wir feststellen, dass *Herr Fügsam* letztlich dazu herangezogen wurde, *Herrn Sündenbock* nicht als Mensch, sondern als Arbeitsgerät einzustufen.

Den Druck, dem *Herr Fügsam* pausenlos ausgesetzt ist, überträgt er für gewöhnlich direkt auf *Herrn Sündenbock,* und manchmal gibt er noch eins oben drauf.

Herr Fügsam ist seit langem verheiratet und hat zwei Kinder. Obwohl er einen recht ordentlichen Lohn erhält, geht seine Frau dennoch einer abhängigen Vollzeitbeschäftigung nach, sie leitet ein Großraumbüro.

In einer überwiegend materialistisch organisierten Gesellschaft werden Menschen dazu verleitet, sich mit beinahe allen Mitteln zu behaupten – die eigenen Wünsche durchzusetzen – selbst wenn dabei wichtige, zwischenmenschliche Beziehungen auf der Strecke bleiben. Diesem Irrweg verfielen und verfallen auch karriereorientierte Frauen, für die eine berufliche Position als besonders wichtig erscheint und nicht selten erhebliche Einschnitte bei der eigenen Lebensqualität mit sich bringt.

Weil es ihnen nicht ermöglicht wird, ihre Dienstzeiten aufeinander abzustimmen, sehen sich *Herr Fügsam* und seine Frau nur selten. Doch was ist mit den Kindern?

Auch sie gehören zu den Leidtragenden, denn das politisch-wirtschaftliche Chaos raubt ihren Eltern die Zeit und Energie, die für ein wirklich natürliches Beisammensein nötig wäre.

Wenn es gut läuft – die Kinder am Wochenende einmal nicht bei Verwandten oder Freunden übernachten – sitzt die ganze Familie zumindest am Sonntag gemeinsam am Frühstückstisch.

Allerdings entwickelt sich dabei kaum eine Atmosphäre von Entspanntheit, Harmonie und spürbarer Wärme.

Da es zwischen ihnen während der Woche zu keinen vertraulichen Gesprächen kam, fällt es schwer, in der kurzen Zeit am Wochenende das Wesentliche auf den Punkt zu bringen.

Insgesamt ist das Familienleben von *Herrn Fügsam* eher mit einem ICE zu vergleichen, der mit rasender Geschwindigkeit durch die Zeit fährt und nur hier und dort vorübergehend anhält.

Bei dieser dauernden Raserei bleiben Grundbedürfnisse wie Zuneigung, Geborgenheit, Anerkennung und das sich Mitteilen mehr oder minder unberücksichtigt.

Auf welcher Basis soll sich verbindende Nähe ergeben, die notwendig ist, um das Selbstbewusstsein zu stärken?

Auch das Zueinanderfinden von Mann und Frau, in diesem Falle zwischen *Herrn Fügsam* und seiner Partnerin, wird durch die widrigen Umstände folgenreich erschwert.

Der Mangel an körperlichen Zärtlichkeiten und befriedigender Sexualität dämpft das Bewusstsein für den Selbstwert, lässt wiederkehrende, bohrende Zweifel an der eigenen Persönlichkeit wachsen.

Wohin mit all diesen sich aneinanderreihenden Enttäuschungen und der Trostlosigkeit einer öden Lebensführung, die Missmut wie auch Frustration hervorruft?

Wenn *Herr Fügsam* nichts Grundsätzliches an seiner sehr bedrückenden Situation ändert, wird er diesem Teufelskreis weiter ausgesetzt sein.

Er müsste mit seiner Frau und vielleicht auch noch mit einer zweiten vertrauten Person offen über sein Befinden sprechen.

Von seiner Firmenleitung und Berufspolitikern hat er nichts zu erwarten. Für sie läuft alles bestens, solange *Herr Fügsam* in den Betrieb geht und an 40 bis 50 Stunden wöchentlich seinen Dienst nach ihren Vorstellungen verrichtet.

Herr Sündenbock ist in einer ähnlichen Lage. An fünf Tagen in der Woche versucht er seine Arbeit in der Firma bestmöglich zu erledigen. Oft kommen bis zu 48 Stunden pro Woche zusammen. In dieser Zeit kann mit einem Menschen Vieles passieren.

Jeder, der in einer Firma einer abhängigen Beschäftigung nachgeht, ist einer starken, äußeren Beeinflussung ausgesetzt. Und wenn sich die Situation dann so zuträgt, wie in diesem hier aufgezeigten Beispiel, hat *Herr Sündenbock* in der Tat ein schweres Los gezogen. Von den Verstimmungen seines Vorgesetzten bleibt er nur wenig verschont. Regelmäßig kommt es zu nervenaufreibenden Spannungen.

Es gelingt *Herrn Fügsam* nicht, die sich wiederholenden Belastungen dort zu klären, wo sie ihre Ursache haben.

Stattdessen müssen die Mitarbeiter in seinem Umfeld die ständige Unzufriedenheit ertragen – und das geht bereits über zwei Jahre so.

Herr Sündenbock hat sich deshalb schon einige Male nach einer anderen Firma umgesehen, doch leider nichts Entsprechendes gefunden.

Selbstverständlich kam es wegen der belastenden Atmosphäre zwischen ihm und *Herrn Fügsam* zu Gesprächen, die allerdings keinen nachhaltigen Erfolg brachten.

Ein Wunder ist es nicht, denn die Geschäftsführung hält unvermindert an ihrer abgestumpften Firmenphilosophie fest.

Das Verhalten von *Herrn Sündenbock* ist, im Verhältnis zu der anhaltenden, problematischen Konstellation, zu introvertiert. Nur selten spricht er über seine persönlichen Befindlichkeiten. Auch seiner Frau vertraut er nicht alles an, weil er der irrtümlichen Annahme ist, dass es nicht so wichtig sei, schließlich hätte ja jeder so seine Sorgen.

Die fortwährenden Schwierigkeiten in der Firma haben sich allerdings längst in seinem Inneren festgesetzt.

Kopfschmerzen, die auch in der Nacht Unwohlsein auslösen, sind die schmerzbeladenen Zeugen solcher unnatürlichen Vorgänge.

Das Aufstehen aus dem Bett fällt schwer und immer öfter fühlt sich *Herr Sündenbock* wie gerädert, weshalb er frühmorgens nur wenig, manchmal auch gar nichts spricht.

So ist es nicht überraschend, dass es zu Konflikten mit seiner Frau und den Kindern kommt. Dies überträgt sich zudem auf das Intimleben mit seiner Partnerin.

Eine beglückende Sexualität lässt deshalb schon seit geraumer Zeit auf sich warten. Die natürliche, innige Verbindung – das feste Band zwischen ihnen – wird brüchig.

In den Gesprächen mit seiner Frau war er bislang nicht offen genug, aber auch sie tat sich dabei schwer, die Dinge auf den Punkt zu bringen.

Jetzt wäre es sehr nützlich, wenn *Herr Sündenbock* einen guten Freund hätte, mit dem er über alles sprechen könnte. Jemand, der seine missliche Lage ganz versteht und ihm Mut macht, das bestehende Beschäftigungsverhältnis zu kündigen. Leider gibt es einen solchen Freund nicht, dazu hat er den Kontakt zu seinen Mitmenschen zu oft gemieden, was wiederum mit seiner betrübten Kindheit und weiteren

Enttäuschungen zusammenhängt.

Eines Tages war es dann soweit – die Summe der Ereignisse ließ die zermürbende Frustration von *Herrn Sündenbock* mehr und mehr anschwellen. Während er mit seiner Familie beim Abendessen saß, kam es zu einem heftigen Streit.

Als seine Frau mit ihm über die Kinder und deren Schulerlebnisse sprechen wollte, konnte er sich nicht konzentrieren und hörte deshalb nur halbherzig zu. Die Atmosphäre in der Firma hatte ihn wieder einmal aus dem Gleichgewicht geworfen.

Auf seine geistige Abwesenheit reagierte die Partnerin dieses Mal ziemlich enttäuscht und nannte ihn dabei einen schlechten Vater.

Nun, diese Aussage war der fehlende Tropfen, der das Fass zum Überlaufen brachte.

Herr Sündenbock sprang von seinem Platz hoch, fluchte und beschimpfte seine Frau mit lautem Gebrüll. Als die sich mit Worten zu wehren versuchte – die Kinder verschwanden inzwischen ängstlich in ihrem Zimmer – schlug er auf sie ein. *Herr Sündenbock* war in diesen Momenten nicht mehr Herr seiner Sinne. Mit seinen Händen und Fäusten traf er mehrmals das Gesicht und den Kopf seiner vor Angst erstarrten Frau.

Er kam erst wieder zu sich, als die Kinder plötzlich in der Türe standen und riefen: „Papa hör auf, Papa hör auf."
Verwirrt starrte er auf die Kinder, auch auf seine Frau.
Dann verließ er schnellen Schrittes die Wohnung.
Unterdessen bewegte sich die gedemütigte Mutter verstört ins Badezimmer, wo sie sich im Spiegel ansah.

Sie hielt sich zitternd am Handwaschbecken fest – Tränen liefen über ihr Gesicht.

Was war nur geschehen, dachte sie.

Nach einer knappen Stunde kam *Herr Sündenbock* wieder zurück. Die Kinder saßen mit ihrer Mutter im Kinderzimmer – und sie tat so, als sei alles halb so schlimm gewesen.

Er stellte sich an die Tür und sagte: „Es tut mir so leid, ich weiß nicht, wie das passieren konnte." Daraufhin nahm er sich ein Glas Wasser und setzte sich in die Küche.

Seine Frau unternahm nichts. Sie sprach mit keinem Menschen über diese schreckliche Situation, weil sie zu viel Angst vor den Reaktionen hatte ...

Und *Herr Sündenbock* – was war mit ihm?

Zunächst ging er weiter in das Büro.

Hier drängt sich folgende Frage auf:

Wann wird es das nächste Mal sein, dass er die Mutter seiner Kinder schlägt?

Kommt es soweit, dass auch die Kinder nicht verschont bleiben? Vielleicht geschieht etwas noch Schlimmeres?

Solche Begebenheiten gibt es in Deutschland und anderswo in der Welt unzählige.

Den dafür verantwortlichen Ursachen müssen wir dringend entgegenwirken!

Fehlgeleitet – Berufspolitiker

Der überwiegende Teil der bisherigen Berufspolitiker wurde mit Universitätswissen erzogen. Dadurch verloren sie schon frühzeitig die nötige Verbindung zur allgemeinen Bevölkerung, weil es letztlich genauso vorgesehen ist – jedenfalls bisher.

Aus Sicht des Establishments und seiner Anhängerschaft ist damit ein erster wichtiger Schritt erreicht ...

Danach braucht es nur noch das Versprechen von Privilegien und die Vergabe von vermeintlich angesehenen Positionen, um aus ehemals aufstrebenden jungen Bürgern distanzierte und zugeschnittene Berufspolitiker oder systemtreue Beamte im Behördendienst zu machen.

Die wesentlichen Unterschiede zwischen einem Bürger und einem herkömmlichen Parteifunktionär sind den meisten unter uns bekannt.

Sie liegen für uns alle gut sichtbar in der üppigen Verfügbarkeit finanzieller Mittel, der starken Privilegierung durch ihre beruflichen Funktionen und der daraus entstehenden, außerordentlichen Entscheidungsfreiheit.

Was aber tun die besagten Berufspolitiker mit dieser besonderen Ausstattung und den beachtlichen Möglichkeiten, wichtige Entscheidungen treffen zu können?

Sie halten sich auf ihre Weise an längst geschaffene Gesetze und Regelungen, die von ihren früheren Amtskollegen beschlossen wurden – mit dem übergeordneten Ziel, die jetzigen Gesellschaftsverhältnisse im Grunde so zu belassen, wie sie schon seit langem sind.

Und dabei geht es den vermeintlichen Volksvertretern in erster Linie um sich selbst, dann um die Privilegierung weniger Personen und Gruppen, damit diese wiederum ganz im Sinne des vorherrschenden Systems denken und handeln.
Die Mehrheit der Bevölkerung ist bei diesem bisher unaufhörlichen „Ritual" nichts weiter als ein notwendiges Übel – schlicht und einfach deshalb, weil sie vorhanden ist.
Natürlich geht es nicht ganz ohne die Bürger, denn in der Regel verrichten sie die Arbeit, die von diesen selbsternannten Führungskreisen nicht gerne getan wird.
Liebe Leserin, lieber Leser, vielleicht stellst du dir gerade folgende Frage: Warum selbsternannt – sie wurden doch von den Bürgern gewählt?
Das ist leider nur die gewohnte Sichtweise.
Das gegenwärtige Gesellschaftssystem beruht auf in der Vergangenheit angewandter Heimtücke und Gewalt.
Diese waren die Hauptinstrumente, welche eine wirkliche Gemeinschaft zwischen den Menschen verhinderten.
Mit der Gründung von Armeen und Polizei konnten – über den Köpfen der Bürger hinweg – völlig einseitige Strukturen etabliert werden, die eine überdimensionale Privilegierung Weniger erst zuließen.
Die Bürger, die zu einer Wahl gehen, wählen prinzipiell innerhalb eines klar abgesteckten Wahl- und Regierungssystems, das ihnen unverhohlen vorgesetzt wird.
Trotz der Wahlen haben und nehmen die Bürger bisher kaum Einfluss auf das jeweilige, gesellschaftliche Geschehen.
Alle Entscheidungen, die von Politikern der Bundesministerien oder des Bundestages getroffen werden, bleiben bei

genauerem Hinsehen stets innerhalb eines von vornherein festgelegten Rahmens.

Auf diese Weise versucht sich die sogenannte politische Klasse vor unliebsamen Überraschungen zu schützen.

Für diesen Zweck wurden auch die Texte des Grundgesetzbuches entsprechend formuliert.

Müssen wir Bürger uns bei solchen festgemauerten Barrieren nicht ernsthaft fragen, weshalb die Berufspolitiker nicht intelligenter handeln?

Wie bereits erwähnt – die heutigen Abgeordneten übernahmen von ihren Vorgängergenerationen das Erbe einer durch und durch privilegienorientierten, militarismusfördernden Gesellschaftspolitik.

Das könnte uns dazu veranlassen, die in der Gegenwart oft bürgerfremden, ungerechten Entscheidungen zu einem gewissen Maße zu entschuldigen, nach dem Motto: Nun, sie haben eben nichts anderes gelernt.

Bleiben wir aber bitte bei der Wahrheit.

Wir dürfen die vielen willkürlichen Einschränkungen unserer Lebensqualität – auch gegenüber den zahlreichen Bürgern überall in der Welt – keinesfalls bagatellisieren!

Der überwiegende Teil der Sorgen, die gezielt herbeigeführten Nöte und das umfangreiche Leid, welches die Berufspolitiker, früher der Adel, seit langem schon über die Mehrheit der Menschheit bringen, gehen viel zu weit darüber hinaus, um diese mit etwaigen Entschuldigungen zu relativieren.

Sie alle, gemeint sind die jeweils Verantwortlichen mit ihrer Anhängerschaft, welche sich ausgrenzend und arrogant über die Bürger und Völker stellen, hatten bislang unzählige

Möglichkeiten, eine Welt zu formen, in der ein natürliches, menschliches Dasein tatsächlich lebbar ist.

Doch sie taten es nicht!

Zur Zeit spricht erneut alles dafür, dass sie es auch künftig nicht tun wollen.

Nach wie vor treten Entscheidungen zutage, die dafür sorgen, dass sich die Einflussmöglichkeiten eines ausgewählten Personenkreises weiter und weiter vergrößern. Damit aber werden weltweit Milliarden von Bürgern in Armut gedrängt, darin gehalten sowie unsagbares Leid stets aufs Neue verursacht.

Zu den unübersehbaren Zeichen eines gesellschaftsschädigenden Handelns gehört auch die stetige Förderung des Militärs.

Eine Waffenindustrie, beispielsweise in Deutschland, kann es nur geben, wenn und weil Berufspolitiker diese todbringende Geschäftemacherei für weitläufigere Zwecke nutzen.

Natürlich geht es nur zum Teil um finanzielle Bereicherung. In erster Linie dient das Herstellen und die praktische Anwendung (Unterdrückung und Kriege) von Gewehren, Granaten, Landminen, Panzern, Raketen, Kriegsschiffen, Kampfflugzeugen und militärischen Robotern als umfangreiches, fortwährendes Ablenkungsszenario.

Wovon soll abgelenkt werden?

Es geht schlicht darum, die Bevölkerung durch das Vorspiegeln falscher Tatsachen immer wieder aufs Neue an das bestehende System anzupassen ...

Unliebsame Störungen soll es in diesem Zusammenhang nicht geben, dafür wurden und werden Gesetze und Regeln entsprechend gestaltet.

Das Aufrechterhalten inszenierter Feindbilder – andere Staaten und deren militärische Stärke als tägliche Bedrohung darzustellen – gilt als selbstverständliches Prozedere einer groß angelegten Vernebelungszeremonie.

Für die jeweiligen Gestalter dieser not- und leidbringenden Scheinwelt ist es dabei wichtig, dass die Bevölkerung die zahlreich verzweigten Vorgänge möglichst nicht erkennt.

Das wiederum führt dazu, dass sich die meisten unter uns ihrem bedrückenden Schicksal ein Leben lang mehr oder minder widerspruchslos ergeben.

Die fehlende Empathie seitens der verantwortlichen Berufspolitiker und Wirtschaftsbosse gegenüber den Bürgern, verbunden mit einer himmelschreienden Visionslosigkeit bezüglich einer menschlicheren Zukunft, zeugen von einer grundtiefen, moralischen Leere.

Dabei gilt es Folgendes zu beachten:

Der beschriebene Mangel kann ein Zeichen dafür sein, dass besonders privilegierte, berufliche Positionen und eine hohe finanzielle Vergütung den moralischen Zugang zu menschlichen Elementen in vielen Fällen auf ihre Weise behindern können.

Aber auch diese bemerkenswerten Umstände dürfen keinesfalls eine Entschuldigung für das überaus unnatürliche Denken und Handeln der Entscheider sein – ganz egal, an welcher Stelle in der Welt diese sich befinden.

Sie alle haben täglich die Möglichkeit, für die Bevölkerungen deutlich menschlichere Entscheidungen zu fällen!

Aus menschlicher Sicht betrachtet, die schmerzlichen, sozialen Missstände vor Augen führend, ist es eigentlich nur schwer vorstellbar, dass die jeweils zuständigen Berufspolitiker mit ihrem eigenen „Geschacher" zufrieden sind.
Anscheinend sind sie das aber.
Dieser parodoxe Umstand kommt mit höherer Wahrscheinlichkeit daher, weil es ihnen immer wieder gelingt – angelehnt an dieselben Verhaltensmuster ihrer gleichgesinnten Parteifreunde und Kollegen aus der Wirtschaft – sich selbst etwas vorzutäuschen.
Vermutlich rücken sie dabei ihre Selbstwahrnehmung solange zurecht, bis für sie der Anschein entsteht, alles richtig zu machen – oder anders formuliert: Sie schieben das aufkommende, fingerzeigende Gewissen regelmäßig zur Seite, bis die verletzenden Untaten für sie an Bedeutung verlieren und nicht mehr als relevant genug erscheinen, um sich mit ihnen ernsthaft beschäftigen zu müssen.

Alleine in Deutschland nehmen sich jedes Jahr Tausende Bürger ihr Leben – begehen Suizid, Selbsttötung.
Die meisten von ihnen deshalb, weil sie in dieser Gesellschaft mit all den Tücken und Fallen sowie den daraus entstehenden, bedrückenden Missständen nicht mehr zurechtkommen.
Viele unserer Mitbürger werden im Stich gelassen. Andere wiederum erleben die zahlreichen Unausgewogenheiten auf ihre Weise intensiv. Sie resignieren und leben nur noch von einem Tag auf den nächsten.
Dann gibt es Einzelne, die aufgrund der ständigen Einengungen nach und nach in Wut geraten. Ihre Verzweiflung lässt das Verlangen nach Gewalttätigkeit entstehen.

Der Mangel an Geborgenheit, Zuneigung, Anerkennung und Harmonie wirkt dabei als treibende Kraft und erzeugt destruktive Energie, die nach Entladung sucht.

Weshalb muss es so weit kommen?

Wir brauchen endlich deutliche,
positive Veränderungen!

Auch du
kannst etwas dafür tun!

„Falle"
wirtschaftlicher Wettbewerb

Es liegt in der Natur unserer Spezies, dass wir uns mit anderen Menschen messen wollen. Grundsätzlich geht es dabei um ein positives Ausloten von Fähigkeiten.

Wir wollen den Grad der eigenen, persönlichen Entwicklung feststellen und verstehen – dazu bedarf es das Gegenüber der Mitbürger.

Wir suchen nach Herausforderungen, die dennoch überschaubar sein sollen. Es muss nicht erst der Mount Everest sein, der unsere Neugierde und Kreativität anspornt.

Die allermeisten verspüren kein Bedürfnis, sich bestimmten Strapazen auszusetzen. Denn letztlich geht es uns nur um das Aufbauen und Pflegen zwischenmenschlicher Beziehungen – eben der Natur entsprechend.

Der vielbeschworene, sogenannte *wirtschaftliche Wettbewerb* hat nichts mit dem zu tun, was wir unter dem Fördern einer menschlichen Gemeinschaft verstehen. Ganz im Gegenteil, die Umsetzung dieses irreführenden, vermeintlichen *Wettbewerbs* dient dem Wohl unserer Gesellschaft keineswegs!

Viel mehr handelt es sich um eine künstlich fabrizierte Missordnung, die dazu angelegt ist, der Bevölkerung glaubhaft zu machen, dass die Wirtschaft alles täte, um im Sinne der Bürger zu handeln.

Dass dem nicht so ist, bleibt nicht mehr allen verborgen.

Von einer ausgewogenen Verteilung der anfallenden Geschäftsaufträge sowie einer korrekten Preisgestaltung bei Lebensmitteln und Gebrauchsgütern kann in Deutschland nicht die Rede sein – geschweige denn von Nahrung und Textilien, die bedenkenlos gekauft werden können.

Nahezu in allen Bereichen geht es zahlreichen Unternehmen und Wirtschaftsvertretern lediglich um das Erreichen der bestmöglichen, wirtschaftlichen Position, bei gleichzeitigen Steuervergünstigungen und einer permanent angestrebten Gewinnmaximierung, die zugleich den extravaganten Wünschen einiger Aktienbesitzer entsprechen muss.

All jene, die in ihrem oft amoralischen Tatendrang Unkorrektheiten, Sorgen und Not regelrecht produzieren, befinden sich aufgrund ihres eingleisigen Denkens in einem Hamsterrad.

Jahr ein und Jahr aus leben viele Firmenbesitzer und Inhaber wie auch ihre dazugehörenden Führungskräfte nach bestimmten Denkmustern, wobei sie sich meist sehr sicher sind, das Richtige zu tun. Schließlich würde dies ihre Umsätze und Gewinne bestätigen.

Der Aderlass, der unaufhörliche Energieaufwand, dem sich ein Teil von ihnen bereitwillig ergibt, erscheint für sie als die einzig wahre Möglichkeit, ihr Dasein sinnvoll zu gestalten.

Neben ihrer fast ständigen Suche nach Selbstfindung – bei der geistige wie auch körperliche Substanz verbraucht wird – steckt die Einschätzung ihres Selbstwertes in den obligatorischen Abläufen fest.

Mit der Bürde dieser persönlichen Umstände sehen sich zahlreiche Firmenbosse und Manager beinahe fortdauernd dazu veranlasst, immer wieder Strategien zu entwickeln, die eine schnelle Erhöhung ihrer Gewinne, aber auch Anerkennung versprechen.

Allerdings verblassen die erhofften Ziele nicht selten, weil die eigens geschaffenen, kompliziert gestalteten Firmenphilosophien dann doch im Wege stehen.

Einigen Großunternehmen gelingt es mit der Hilfe verbindender Beziehungen zu passenden Amtsinhabern und einem hohen Einsatz von Kapital – wodurch auch immer dies generiert wurde – ihre Vorstellungen und Wünsche in die Tat umzusetzen.

Vergessen wir dabei aber nicht die vielen Mitarbeiter/Bürger, ohne die es keine große Betriebe gäbe.

Sobald wir etwas genauer hinter die Fassade einiger scheinbar erfolgreicher Firmen blicken, kann festgestellt werden, dass Erfolg oft nur aus Vordergründigkeit besteht.

Wo Mitarbeiter/Menschen nahezu permanent eingeengt und sowohl in der Firma als auch im Privatleben mit Ängsten konfrontiert sind, kann von Erfolg nicht die Rede sein!

Eine Tragödie folgt der anderen. Gewalt ist vielerorts zugegen. Und mitverursachend ist das schädliche Konkurrenzverhalten.

Die Mehrheit der Bürger spürt instinktiv, dass irgendetwas in dieser Welt nicht stimmt. Geht es dir nicht auch so?

Du schiebst deine nachdenklichen Gedanken jedoch immer wieder zur Seite, weil du nicht glauben kannst, dass die nicht enden wollenden Missstände überwiegend wissentlich herbeigeführt wurden.

Auch dann, sobald du dich bemühst dahinter zu kommen, sorgt *der Plan* regelmäßig dafür, dass dir nicht allzu viel Zeit bleibt, um dich intensiver mit Hintergründen zu beschäftigen.

Der bewusst geschaffene, überdimensionale Bürokratismus und sein dazugehörender Steuerdschungel verschwenden ein erhebliches Maß unserer Lebenszeit.

Genauso ist es mit den etablierten, einengenden Abhängigkeiten von Geld, den damit zusammenhängenden Arbeitszwängen und deren festhaltende Stricke, die würdebeachtende Freiheit ganz willkürlich einschränken.

Eine anhaltende Karriere gelingt meist nur dann, wenn die jeweiligen Unternehmerphilosophien oder hierarchischen Gepflogenheiten der Ministerien und Behörden mitgelebt werden – sind sie auch noch so widersprüchlich.

Einem kleinen Teil der Weltbevölkerung ist halbwegs bewusst, dass in Deutschland und anderen Ländern sehr gegensätzliche Vorgänge an der Tagesordnung sind. Dennoch beschäftigen sich bisher nur Wenige mit den tatsächlichen Verknüpfungen.

Die Mehrheit unter uns Bürgern verfällt den obligatorischen Abläufen – bisher.

Dort, wo Bürger während des Alltags aufeinandertreffen, ob im Supermarkt oder in der Fußgängerzone, wird hin und wieder über die Sorgen und Nöte gesprochen. Dabei werden nachdenkliche Blicke erkennbar, die mit Sehnsucht auf ein menschlicheres Dasein hoffen.

Nicht jeder hat den Mut, frei heraus über eine hoffnungsvolle Zukunft zu reden, weil es schmerzlich ist, als Träumer bezeichnet zu werden.

So finden sich die meisten unter uns mit der allgegenwärtigen Problematik einer ungerechten Gesellschaftskonstellation ab.

Schließlich reden sich viele Menschen ein, dass die Welt gar nicht anders sein könne.
Dies aber ist ein weitreichender Irrtum!

Gesetze, die zum Nachteil der Bürger
ausgelegt werden können, sind Zeugen
subtiler Unterdrückung.

Kulisse wirtschaftlicher Wettbewerb

Wer hat den größten Nutzen von einem beharrlichen Aufrechterhalten der Theaterinszenierung, die sich wirtschaftlicher Wettbewerb nennt?
Allem voran profitieren Konzernvorstände, Manager, einige Aktionäre, Bankmanager, einzelne Wissenschaftler, Berufspolitiker mit ihren Parteien und dienstfleißige Beamte, dies gewöhnlich in einem Übermaße.
Mit Hilfe ihrer jeweiligen Positionen, die sie im Sinne der *Systemrelevants* ausüben, reden sie der Bevölkerung unverdrossen ein, dass der wirtschaftliche Wettbewerb oder *der Markt* (alle handelsgeschäftlichen Vorgänge innerhalb einer Gesellschaft), sich von selbst regelt.
Natürlich geschieht genau das, allerdings zum immensen Vorteil derjenigen, die solche Botschaften verbreiten.

Weiter kommt damit zum Ausdruck, dass eine strengere Regulierung der Unternehmerfreiheiten – gerade bei Großbetrieben – nicht vorgesehen und auch nicht gewünscht ist.

Die tägliche Praxis zeigt uns, dass sehr viele Firmenbesitzer und -inhaber das Gemeinwohl kaum im Blick haben.
Denken wir dabei an die zahlreichen Nahrungsmittelskandale, die meist nur zufällig aufgedeckt werden. Dioxin in Eiern, Gammelfleisch, mit Pestiziden verseuchter Wein und auch Tee, eine Menge chemischer Bestandteile in beinahe allen Esswaren, genmanipulierte Agrarprodukte, schlimme Krankheiten durch unnötige, hochgiftige Spritzmittel auf den Feldern (z. B. Glyphosat), Massentierhaltung mit Antibiotika versetztem Fleisch, womit die Wirkung dieses wichtigen Medikaments für uns Menschen bei der Einnahme wiederum gemindert wird und die Heilung einiger Krankheiten erschwert ist.
Leider ist das immer noch nicht alles, was einige der Unternehmer und Manager mit Unterstützung von Abgeordneten den Bürgern, Tieren und der Umwelt antun!

Beispielsweise werden Ferkel ohne Betäubung kastriert.
Die Regierung hat dieser Quälerei 2018 ein weiteres Mal zugestimmt.
Durch die Massentierhaltung kommt es häufig zu scheußlichen Verletzungen bei Schweinen, Rindern und Geflügel, weil diese einfach nicht genug Platz bekommen. Letzteres gilt auch für den Transport der Tiere.
In den oft stark überfüllten LKW-Anhängern müssen sie viele Stunden des Leids ertragen. Die weiten Strecken quer durch das Land, die in ihrem Ausmaße nicht wirklich nötig

sind, sorgen bei zahlreichen Tieren für folgenschwere Strapazen.

Die Gier – eine Ersatzbefriedigung für diejenigen, denen erfolgreich suggeriert wurde, dass es im Leben nun einmal zuerst um Geld und Macht ginge – veranlasst Unternehmer durchgehend dazu, riesige Mengen Erdöl zu fördern und über die Meere zu schiffen. Regelmäßige Schiffsunfälle mit monströsen Öltankern sind die Folge, wodurch es zu einer fast ständigen Vergiftung der Meere kommt. Das Öl, das bei den großen Firmen ankommt, wird oftmals dazu genutzt, um Produkte herzustellen, die wir eigentlich überhaupt nicht brauchen und obendrein mehrfachen Schaden anrichten.

Es handelt sich beispielsweise um unnötige Güter aus Kunststoff (Plastik), welche in großen Stückzahlen die Fließbänder verlassen, mit dem vorrangigen Ziel, möglichst hohe Gewinne zu verbuchen. *Unnötige Güter sind für mich beispielsweise leicht entbehrliche Gegenstände, die wir für ein gut gestaltetes Leben nicht brauchen.*

Die Autoindustrie produziert zweifelsfrei zu viele Autos welche die Städte und Straßen regelrecht verstopfen.

Hinzu kommt, dass die PKWs und LKWs noch immer überwiegend mit Benzin- bzw. Dieselmotoren ausgestattet sind. Dem dafür nötigen Treibstoff wird zunehmend verarbeiteter Raps und Mais beigemengt, welche unter anderem auf den Feldern Afrikas, Südamerikas und Asiens angebaut werden. Gerade dort verliert die Bevölkerung einen größeren Teil ihrer Nahrungsquellen.

Hier bei uns in Europa, den USA und zum Beispiel in China erkranken und sterben wahrscheinlich Abertausende Bürger

aufgrund der Autoabgase, die nicht nur von Dieselfahr-
zeugen, sondern auch von benzinangetriebenen Motoren
stammen.
Einen Beitrag zu dieser gravierenden Atemluftvergiftung,
wobei ich hier nicht das Klima meine, leisten allerdings
auch der übertriebene Flugverkehr und nicht zu vergessen,
Braunkohlekraftwerke sowie andere Industrieabluft.

Solange Unternehmen und ihre Verantwortlichen in erster
Linie produzieren, um im überschwänglichen Luxus zu leben
und üppige Dividenden an Aktionäre ausschütten zu können – während die Regierungen dabei fördernd mitwirken
– wird den Bürgern nicht zuletzt auch damit immer wieder
der Boden unter den Füßen entzogen.

Was wir dringend brauchen, ist das grundsätzliche, klar
betonte Bestreben nach einer sinnvollen und harmonischen
Gestaltung der Gemeinschaft, welche gleichwohl die Gesundheit aller Menschen beachtet.

Die willkürlich erzeugte Kälte
des Wirtschaftswahns, lässt
die natürliche Warmherzigkeit
vieler Menschen erfrieren.

Die im Laufe von Jahrzehnten geschaffene, großangelegte
Kulisse – bestehend aus dem angeblichen, wirtschaftlichen
Wettbewerb, der undifferenzierten, konstanten Glorifizie-
rung von Arbeitsplätzen und dem vermeintlich notwendigen, hochgepriesenen Wirtschaftswachstum – drängt die

Bevölkerung rigoros in die unnatürliche Rolle der Bittsteller.

Bekräftigt und stabilisiert wird diese inhumane Theaterinszenierung unter anderem durch die Aufrechterhaltung von Armeen sowie einer not- und leidverursachenden Waffenindustrie, deren Führungsetagen kaum Skrupel kennen. Berufspolitiker, fast überall in der Welt, schaffen die gesetzlichen Möglichkeiten dafür.

Jeder, der sich zum Soldaten ausbilden lässt, wird die Verantwortlichen für anhaltende Missstände letztlich keineswegs in den Kreisen des sogenannten Establishment und dessen Anhänger suchen. Nein, warum sollte er – denn als Soldat hat man ihn zu einem festen Bestandteil dieses bürgerbenachteiligenden *Systems* gemacht.

Armeeangehörige bekommen ein gewisses Maß Anerkennung, einen einigermaßen ordentlichen Lohn sowie eine gute Pension (Rente/Altersruhegeld), sofern sie ihre Zeit als Berufssoldat absolvieren.

Noch ist die Zahl derer, die trotz solcher Privilegien die Wahrheit nicht aus den Augen verlieren und deshalb entsprechend aufbegehren, sehr gering.

Das Festhalten an greifbaren Sicherheiten und eine vordergründige Denkweise behindern das eigene Bewusstsein, womit die Staatsvertreter und viele ihrer treuen Gleichgesinnten auch dabei „ihren Erfolg" verzeichnen.

Es ist in der Tat unübersehbar, dass mit zweierlei Maß gemessen wird. Steuererleichterungen erhalten deshalb die großen, nicht kleine Firmen.

Wer viele Bürger in Arbeit einbindet, trägt bewusst oder unbewusst dazu bei, das abstruse Räderwerk zu stützen.
Den bisherigen Berufspolitikern und ihren Verbündeten kommt es in vielen Fällen nicht darauf an, ob Bürger tatsächlich eine sinnvolle Tätigkeit bei guter Entlohnung ausführen, solange diese mit der aufdiktierten Beschäftigung von den wahren Gesellschaftshintergründen abgelenkt sind.

Ganz egal, von welcher Seite wir es betrachten – die Mehrheit wird stetig an der Nase herumgeführt.
Somit ist das Vertrauen der Bürger regelmäßig missbraucht.
Das überall präsente, wirtschaftliche Handeln bringt folglich immer dieselben „Gewinner" hervor.

Selbstverständlich könnten die Preise für Gebrauchsgüter und Nahrungsmittel um einiges günstiger und konstanter sein. Und natürlich muss es nicht von jedem Produkt eine riesige Auswahl geben.
Trotz hoher Gewinne, die gerade große Einzelhandelsunternehmen verbuchen, bringen sie stets aufs Neue einen Verdrängungsprozess in Gang. Je mehr Produkte eine Firma in den Supermärkten anbieten kann, desto weniger Präsentationsmöglichkeiten erhalten andere, beispielsweise kleinere Betriebe, wodurch deren Bestehen bereits fest kalkuliert in Frage gestellt ist.
Von einer Ausgewogenheit beim wirtschaftlichen Prozedere kann auch diesbezüglich nicht die Rede sein.
Dies wird auch dort offenkundig, wo es auf erschreckende Weise um die Mitarbeiter geht, die ihre Arbeitsenergie zur

Verfügung stellen.

Alleine in Deutschland erhalten schätzungsweise bis zu vier Millionen in Firmen beschäftigte Bürger einen niedrigen Lohn, der sie mehr oder weniger in versteckter Armut hält.

2021 leisteten die Bürger für die Geschäftswelt hierzulande ca. 1,7 Milliarden (ca. 1 700 Millionen) Überstunden, davon wurden **ca. 900 Millionen nicht bezahlt ...**

Das ist noch nicht alles – denn gleichzeitig erleben Viele fast täglich eine schmähliche Unterdrückung ihrer Grundbedürfnisse. Kreativität, Anerkennung, Freie Meinungsäußerung, Zuneigung, Harmonie, das Grundbedürfnis sich mitteilen zu wollen – sie finden in den meisten Unternehmen kaum Beachtung! Ausnahmen bestätigen nur die Regel.

Zu den selbstverständlichen Gepflogenheiten zahlreicher Betriebe gehört es, den beschäftigten Bürgern unentwegt das Gefühl zu vermitteln, sie seien jederzeit ersetzbar.

Damit wird eine unterschwellige Atmosphäre von Druck und Angst erzeugt, die als unmittelbare Möglichkeit der Kontrolle dient.

Solch eine verächtliche, aber auch arrogante Methode zeigt die ganze Leere der Unternehmensführung.

In anderen Ländern ist die Umgangsweise mit Bürgern/ Mitarbeitern noch drastischer. Dabei geht es inzwischen so weit, dass sich die Verantwortlichen mindestens eines großen, bekannten Unternehmens sogar öffentlich *gegen* bessere Arbeitsbedingungen aussprachen.

Diese Unverfrorenheit soll innerhalb einer Gesetzesdiskussion zum Ausdruck gekommen sein, die in Australien statt-

fand. (rettetdenregenwald.org 2018)
Es bedarf diesbezüglich keiner weiterer Worte.

Eine Gesellschaft ist von Grund auf falsch organisiert,
solange die Verteilung des Geldes
über die Lebensqualität von Menschen entscheidet!

Welcher Eingang ist der Richtige?

Insgesamt bewertet ist unser Dasein in vielen Bereichen durchdrungen von verwurzelter Oberflächlichkeit, symptomatischer Missgunst, arroganter Egozentrik und einem fehlenden, menschlich zugewandten Rechtsbewusstsein.
Dass es trotz dieser unsäglichen Widrigkeiten – und hierzu gehört nun einmal auch das gegenwärtige, wirtschaftliche Handeln – doch Einiges gibt, das unsere Hoffnungen nicht ganz ersticken lässt, ist letztlich guten Charaktereigenschaften und einer mutigen Beharrlichkeit weniger Bürger zuzuschreiben. Dies gilt für den Großteil der menschlichen Geschichte.
Die Mehrzahl des Volkes aber war stets zu eingeschüchtert, um gegen Unterdrückung und Gewalt sinnvoll aufzubegehren.
Heute, 2022, gibt es andere Spielregeln, die allerdings in fast allen Ländern unserer Welt die gleichen, unmoralischen Ergebnisse hervorbringen.

Stelle dir das Leben als einen riesenhaften Garten vor, den jeder von uns grundsätzlich mit den menschlich besten Absichten und Wünschen betreten will.

Dieser Garten hat zwei Eingänge.

Sobald du den ersten Eingang hindurch gehst, kannst du beinahe überall vorgezeichnete Linien wahrnehmen. Diesen Linien folgend, wirst du dich schnell auf Pfaden wiederfinden, die zwar leicht begehbar erscheinen, letztlich aber nur zu einem Ziel führen sollen:

Schlicht und einfach geht es darum, den Inhalt deines Gedankengutes an die schon lange bestehenden Gesellschaftsmuster anzupassen.

Schritt für Schritt wirst du eingefügt – in fixierte Tagesabläufe, die dein natürliches Bestreben nach menschlicher Entfaltung immer wieder blockieren.

Am Ende deines Daseins bist du der Annahme, dass du *dein Leben* gelebt hättest ...

In zahlreichen Fällen war es aber nicht das eigene.

Vielmehr eines, das vor allem für diejenigen Nutzen gebracht hat, die mit altbewährten Einschüchterungsmethoden und permanenten Täuschungen die Völker in der Welt unterdrücken und klein halten.

Nein, die Spezies Mensch ist keineswegs von Geburt an mit derartig negativen Eigenschaften ausgestattet, die dafür ausreichen würden, um andauerndes, jahrhundertelanges Leid unter das Bürgertum zu bringen.

Stets waren und sind es nur Wenige, verglichen mit der großen Mehrheit, deren leichtfertiges, falsches Menschenbild fortwährend Not und Leid bringt.

Was verbirgt sich nun hinter dem zweiten Eingang jenes Gartens, von dem ich hier schreibe?

Soll dich dein Lebensweg durch diesen Eingang führen, musst du damit rechnen, dass dir reichlich Gegenwind ins Gesicht bläst.

Dein Innerstes, dein Verlangen nach Überschaubarkeit und Wahrheit aber führt dich genau zu dieser Tür. Und sobald du diesen Teil des Gartens betrittst, spürst du steinigen Boden unter deinen Füßen. Dort gibt es auch keine vorgezeichneten Wegmarkierungen – nur dein wahrheitssuchender Blick nach vorne entscheidet über die Richtung deines Weges.

Je ungetrübter du die Dinge um dich herum wahrnimmst, desto deutlicher kannst du das wirklich Wesentliche erkennen. Schließlich findest du Antworten und strebst nach Sinnhaftigkeit in allen Bereichen.

Steht das einem Normalbürger in unserer verworrenen Gesellschaft tatsächlich zu?

Bisher nur sehr bedingt, weshalb es dir auch nicht leicht fällt, Gleichgesinnte zu finden.

Bis heute sind es nur Einzelne, die es wagen, diesen zweiten Eingang zu beschreiten.

Wer es dennoch tut, für den hält dieser besondere Weg ein Dasein bereit, das dem natürlichen Menschsein weitestgehend entspricht – selbst dann, wenn sich schwierige Momente ergeben.

> „Die nur ganz langsam gehen,
> aber immer den rechten Weg verfolgen,
> können viel weiter kommen als die,
> welche laufen und auf Abwege geraten.“
>
> René Descartes 1596-1650
> Naturwissenschaftler

Das große Spiel

Noch immer geht es in unserer Welt überhaupt nicht darum, allen Menschen ein würdebeachtendes Leben zu ermöglichen, obwohl dies längst umsetzbar wäre.
Stattdessen lassen sich diejenigen, welche glauben, sie hätten im Sinne „des Erfolgs" alles richtig gemacht, weiterhin von snobistischen, autoritären Verhaltensmustern treiben.
Männer in feinen, dunklen Anzügen entscheiden auf der Basis alter, enger Prinzipien, damit sie uns Bürger an der kurzen Leine halten können.
Im Vordergrund der gesellschaftlichen Prioritäten stehen nicht die Bürger mit ihren Grundbedürfnissen, sondern machtkonforme Strategiefelder – wie zum Beispiel das aufwendige Prozedere bei den Wahlen von Berufspolitikern, stetiges Aufrechterhalten oder Erneuern von Feindbildern, um die Bevölkerung mit Kriegsszenarien in lähmende Ängste zu versetzen sowie Börsen- wie auch Aktiengeschäfte, deren verantwortliche Personen nicht davor zurück schrecken, sogar mit Nahrungsmitteln zu spekulieren.

Stets sind es die gleichen, oberflächlichen Medienauftritte, die mit den immerselben Parolen von dem abgekarteten Spiel hinter den Kulissen ablenken sollen.
Und natürlich gehört das unablässige Propagieren des sogenannten wirtschaftlichen Wettbewerbs dazu, mit seiner eindeutigen Hauptaufgabe, möglichst viele Bürger in einen zeitraubenden *Konsumkreislauf* einzubinden.
Gleichzeitig wird *Arbeit*, vor allem in einem abhängigen Beschäftigungsverhältnis, überwiegend undifferenziert als

das Wichtigste für eine funktionierende Gesellschaft dargestellt. Parallel dazu wurde ein Geldsystem etabliert, das nahezu absolute Abhängigkeit gegenüber Regierung und Wirtschaft einfordert und sichert – mit der belastenden Doktrin, in jedem Fall verpflichtend einer Arbeit nachzugehen.

Letzteres wird für viele Bürger zum täglichen Spießrutenlaufen, weil sie Tätigkeiten verrichten müssen, die ihnen in vielen Fällen keine Freude bereiten.

2018 erzielten die deutschen Firmen weltweit den höchsten Umsatz im Exportgeschäft (phoenix 19.02.2019).

Sowohl die Mitarbeiter als auch die Bürger ganz allgemein, werden davon, so, wie es bisher meistens der Fall war, nur Brotkrümel erhalten.

Nein, arbeiten, nur um zu arbeiten, ist keinesfalls das Allheilmittel für eine gesunde und harmonische Gesellschaft.

Der schlichte Beweis findet sich in Europa, wo sehr viele Menschen in einer abhängigen Beschäftigung eingebunden sind und dennoch in beinahe allen Lebensbereichen verletzendes Unrecht und zwischenmenschliches Chaos an der Tagesordnung sind.

Für das Entstehen einer deutlich menschlicheren Gesellschaft reicht es nicht, dass wir Menschen einfach nur arbeiten.

Viel mehr kommt es darauf an, welche Arbeit wir ausführen und bei welchen Bedingungen wir dies tun.

Ein wesentlicher Teil des großen Spiels besteht darin, die Bürger regelmäßig mit fadenscheinigen Gründen davon zu überzeugen, dass Kriegswaffen und die dazu nötige Rüstungsindustrie notwendig seien, um Frieden zu gewährleisten. Welchen Frieden?

Außerhalb von Europa, Amerika, China und Australien finden mehr oder minder regelmäßig not- und todbringende Bürgerkriege sowie Kriege statt, die jeweils mit kühler Raffinesse inszeniert werden.

Die kriegerischen Auseinandersetzungen würde es in dem uns bekannten Ausmaß nicht geben, wären sie nicht gewollt. Dies gilt selbstverständlich auch für den Krieg in der Ukraine 2022.

Das Initiieren und die verheerenden Auswirkungen der Kriege – wo auch immer diese stattfinden – sind der Beweis für eine unbegreifliche Rücksichtslosigkeit, die bei den verantwortlichen Personen und Gruppen mit dem Hang zum Sadismus einhergeht.

Wer Gesetze auf eine Weise gestaltet oder auslegt, die es ermöglichen, Menschen an Waffen auszubilden und in Kriege zu schicken, sollte nicht an einer Position sitzen dürfen, die es zulässt, wichtige Entscheidungen zu treffen.

Noch gelingt es, einst friedlebende Bürger zu funktionalen Soldaten abzurichten oder als Mitarbeiter für das Produzieren von Kriegsgerät zu gewinnen.

Das ausgeuferte, einfältige Wirtschaftsverhalten – dazu gehört auch das der Rüstungsindustrie – hat den Planeten Erde, mit allen seinen Lebewesen, Pflanzen und Meeren, an den Rand des Zusammenbruchs gebracht.

Ganz besonders muss an dieser Stelle das inhumane, völlig

eigennützige Vorgehen mit der Atomenergie genannt sein!
Atomkraftwerke – um nur ein bekanntes Beispiel zu nennen – waren und sind zu keinem Zeitpunkt wirklich nötig.
Erst die überdimensionale Industrialisierung und federführende Karriereanhänger verlangten nach einer für sie möglichst günstigen Energiequelle, um ihre Gewinne und Einflussmöglichkeiten zu steigern.
Jetzt im Jahre 2022 wurden viele Stimmen laut, die für den Bau neuer Atomkernkraftwerke plädieren.
Die europäischen, verantwortlichen Berufspolitiker trafen eine ganze Reihe von Fehlentscheidungen, die letztlich dazu führten, dass die Atomenergie wieder deutlicher in den Mittelpunkt rückt.
Die Risiken der Atomenergie tatsächlich in den Fokus zu stellen, gehört nicht zu den Prioritäten des herkömmlichen Geschäftsgebarens. Nein, stattdessen werden wir Bürger gleich mehrere Male hinter das Licht geführt.
Einmal, indem man uns Jahr für Jahr einredet, dass alle Atomkraftwerke sicher seien. Das zweite Mal, weil der anfallende Atommüll – der das Potential hat, die ganze Welt stark zu verseuchen – als harmlos dargestellt wird und die sogenannten Endlager (Atommüll-Deponien) ebenfalls als unbedenklich gelten sollen ...
Nichts von all dem entspricht der Wahrheit!
Die Vergiftungs- und Verstrahlungsgefahr ist allgegenwärtig! Niemand wird uns Bürgern genau sagen, inwieweit viele von uns dadurch bereits erkrankten und verstarben.
Die jeweils verantwortlichen Berufspolitiker und Entscheidungsträger der Wirtschaft biegen den Sachverhalt solange zurecht, bis eine größere Anzahl von Menschen der unverminderten Manipulation erliegt.

Das globale Konkurrenzdenken, von dem eigentlich nur Politiker, Wirtschaftsanhänger und Unternehmer regelmäßig reden, ist, wie der sogenannte wirtschaftliche Wettbewerb eben auch, ein überwiegend künstlich erschaffenes Trugbild.

Durch das willkürliche, unterschwellige Auffordern zu einem stetigen Konkurrenzverhalten, das sich nach außen hin wohlumschrieben *wirtschaftlicher Wettbewerb* nennt, wird den Bevölkerungen laufend suggeriert, dass sie – jedes Volk für sich – ihre Arbeitsleistung möglichst umfangreich zur Vefügung stellen sollen, um die Firma oder das Land und seine Bürger nicht in seiner Existenz zu gefährden.

Mit dieser altbewährten, ruchlosen Methode werden wiederholend Abermillionen Bürger dazu motiviert, viele Stunden zu arbeiten – auch in der Nacht. Und für was?

Für das Herstellen vieler unnötiger wie auch schädlicher Produkte. Obendrein erhalten die Mitarbeiter einen Lohn, der sie beständig im Netz gefangen hält, damit sie nicht in die Reichweite von existenziell, weiterführenden Möglichkeiten kommen, durch deren Nutzung ein freieres Dasein erlebbar wäre.

Doch die tiefsitzende Angst vor einem eventuellen, erheblichen Privilegien- und Prestigeverlust, lässt diejenigen, die in wichtigen Entscheidungspositionen sitzen, an ihren ausgeklügelten Gesellschaftsmodellen festhalten – dies bislang vehemend.

Wir müssen uns dazu entschließen, den vermeintlich wichtigen wirtschaftlichen Wettbewerb und alle damit verbundenen Nachteile für uns Bürger nicht länger zu akzeptieren.

Produkte, die wir für ein Leben in Würde nicht wirklich brauchen, sollten wir einfach nicht kaufen. Ob es sich dabei zum Beispiel um das neueste Smartphone, das zweite Auto oder auch nur um banales Dekorationsmaterial handelt – immer ist es sinnvoll, Nutzen und schädliche Nebeneffekte gegenüberzustellen.

Ein Teil deutscher Unternehmer lässt unzählige Textilien und Gegenstände in anderen Ländern anfertigen, um Lohnkosten zu sparen. Dieses bürgerfeindliche Sparen muss uns ernsthaft hellhörig machen – denn die meisten Menschen, die dort mehr oder weniger unter Zwang arbeiten, erhalten einen äußerst niedrigen Lohn, der sie an die Armut fesselt!

Wir müssen leider davon ausgehen, dass die Arbeits- und Sicherheitsbedingungen nach wie vor schlecht bis sehr schlecht sind.

Die selbsternannte *politische Klasse*, ihre Kollegen aus der Wirtschaft und alle, die sich anmaßen, die Bevölkerungen – wo auch immer in der Welt – mit ehrlosen Mitteln in unsicheren und angstbeladenen Verhältnissen zu halten, müssen unbedingt von ihrem hohen Ross heruntersteigen!

Ihre sehr einseitigen und letztlich stark naiven Machtbestrebungen dürfen sich nicht noch länger über das Wohl der Bevölkerung stellen!

Sogenannte wirtschaftliche Notwendigkeiten müssen den Grundbedürfnissen (mindestens 12) untergeordnet sein, nicht umgekehrt.

Der abgehobene, immens beklemmende Machtapparat, der die ganze Welt seit einigen Jahrtausenden in plan- und zweckmäßigem Unfrieden hält, muss endlich in seine Schranken verwiesen werden!

Jeder von uns ist betroffen, und jeder kann sich dafür stark machen.

Es ist ein Irrtum, zu glauben, dass du als einzelner Bürger nichts tun könntest. Sobald du im Sinne der Menschlichkeit etwas Bestimmtes in die Tat umsetzt, rufst du in deinen Mitbürgern einen Impuls hervor, der sie zum Nachahmen motiviert – vielleicht nicht immer sofort, aber nach und nach.

So wird aus einem einzelnen Bürger eine Gruppe und daraus wiederum kann eine größere Bewegung entstehen, dies gilt für alle Bereiche.

Wer solche Vorgänge nicht ernst nimmt, sie unterschätzt, bleibt innerhalb eines engen Lebenskreises und lässt einen Teil seines natürlichen Potentials verwelken.

Lass es nicht so weit kommen – sehe dein Dasein als eine wunderbare Chance für eine deutlich menschlichere Zukunft!

Verstecke dich nicht länger,
entfalte dich stattdessen!

Wir müssen von einer anderen Seite
her denken, um tatsächlich zu verstehen, warum das Unrecht in der
Welt nicht enden will.

Die Frage
nach dem Zusammenhalt

Wenn wir die gegenwärtigen, gesellschaftspolitischen Ereignisse näher betrachten, hat es den Anschein, als würde der tiefere Sinn unseres Daseins in tausend Scherben zerbersten. Deshalb stelle ich die folgende, konkrete Frage:

Wo bleibt der
für uns alle so wichtige Zusammenhalt?

Liebe Mitbürgerin, lieber Mitbürger,
die große Mehrheit unter uns glaubt, dass jeder Mensch seine ganz eigenen Probleme hätte.
Doch stellen wir uns einmal Folgendes vor:
Zu einem besonderen Anlass trafen sich 100 Menschen, die einer ganz bestimmten Aufgabe nachgehen wollten.
Jeder von ihnen schrieb nebeneinandergereiht seinen Namen auf eine große Tafel mit vorgezeichneten Spalten.
In kurzen Sätzen notierten die Teilnehmer offen und ehrlich ihre jeweils persönlichen Probleme unter ihre Namen.
Manche fügten drei in die Spalte ein, einige fünf bis acht.
Schließlich war es an der Zeit, die beschriebenen Beschwerlichkeiten gemeinsam zu analysieren.
Das Resultat dieser einfachen doch bemerkenswerten Aufgabe brachte alle 100 Teilnehmer zum Staunen.

Es stellte sich nämlich unübersehbar heraus, dass alle Beteiligten nahezu mit denselben Sorgen konfrontiert waren.

Analysiert man diese genauer, wird erkennbar, dass der überwiegende Teil davon aufgrund der gleichen Ursachen entsteht.

Was sind das für Ursachen, die so viele Probleme schaffen und damit einen engen, verbindlichen Zusammenhalt blockieren?

Sobald wir die Vorgänge um uns herum genauer, vor allem illusionsfreier beobachten, kommen wir zu der beklemmenden Feststellung, dass die Völker dieser Welt seit mindestens 4000 Jahren ganz gezielt unterdrückt werden.

Dazwischen gab es hier und dort Bevölkerungsgruppen oder Stämme, die es eine gewisse Zeit durchhielten, ihre natürlichen Wurzeln und Eigenständigkeiten zu bewahren – bis auch sie letztlich dem entgleisten Wertedenken egozentrischer Personenkreise zum Opfer fielen. Deren bürgerverachtender Ehrgeiz war um ein Vielfaches stärker, als die Empathie gegenüber Mitmenschen, die sie nicht persönlich kannten.

Das permanente Kleinhalten des Bürgers geht in aller Regel mit einer ganz bestimmten Strategie einher, die sich mit wenigen Sätzen erklären lässt:

Ein gespaltenes Volk, ist ein manipulierbares Volk.
Ein manipuliertes Volk denkt nicht wirklich selbstständig.
Ein Volk, das nicht selbstständig denkt, kann in jede beliebige Richtung gedrängt werden.

Der großen Mehrheit von uns war und ist auch gegenwärtig nicht bewusst, dass solche schmutzigen, kalt berechneten Vorgänge tatsächlich fortdauernd stattfinden.
Wie also sollte es die vergangenen Jahrhunderte zu einer echten, menschlichen Gemeinschaft kommen, wenn seitens einiger Personengruppen unaufhörlich und mit riesigem Aufwand professionell daran gearbeitet wird, dass es eben genau dazu nicht kommt?

Die Hauptursache für den fehlenden Zusammenhalt – und dabei meine ich wirklich verlässliche, nachhaltige Verbindungen untereinander, auch über den engen Familienkreis hinaus – liegt demnach keineswegs bei der angeblichen, geistigen Unvollkommenheit von uns Bürgern.

Von Natur aus sind wir Menschen zweifelsfrei soziale Gemeinschaftswesen. Dies kommt zum Beispiel durch die elementaren Grundbedürfnisse zum Ausdruck, die wir alle von Geburt an mit uns tragen – es sind mindestens 12.
Für die nicht übersehbare, befremdliche Distanz zwischen uns Bürgern müssen wir im Wesentlichen die unnatürlichen, starren gesellschaftspolitischen Hierarchien verantwortlich machen.
Nach der jahrhundertelangen, brutalen Diktatur sogenannter Großreiche, bildete sich überdimensional aufgebläht der selbstgekrönte Adel heraus.
Es ist eigentlich kaum in Worte zu fassen – mit immenser Dekadenz und tiefmissgünstiger Verachtung gegenüber der Bevölkerung wurde beständig und ganz konkret an der Zersetzung bürgerlicher Gemeinschaften gearbeitet.
Willkürlich etablierte man aufs Neue absonderliche Hierar-

chietitel für ein beengendes Gesellschaftssystem, in dem Bürger grundsätzlich nichts weiter sein sollten als „stumme Diener", oder deutlicher ausgedrückt Sklaven, die sich der künstlich erschaffenen Hierarchiefassade unterordnen mussten.

Zu der Bildung von Bürgergemeinschaften kam es in der Regel erst dann, wenn die vorherrschenden Missstände kaum noch erträglich waren. Erst in solchen Phasen fanden Courage und Miteinander zusammen.

Darüber hinaus kam es allerdings so gut wie nie zu einem engen, verbindlichen und nachhaltigen Zusammenhalt, der es nahezu unmöglich machen würde, das Volk mit immerwährenden Unwahrheiten und einengenden, einseitig gestalteten Gesetzen von einem Leben in Würde abzuhalten.

Mit Beginn der insgesamt schädlichen Industrialisierung im 19. Jahrhundert, kam es in einzelnen Fällen zu einer Abflachung von Hierarchieebenen. Doch dafür wurden der Bevölkerung andere, sehr bedrückende Lasten aufgezwungen, vor allem das sogenannte Leistungsprinzip ...

Anknüpfend an vorhergehende Unterdrückungsmechanismen erschuf man ein weiteres Geflecht aus starren Regularien. Jetzt wurde das tägliche Arbeiten mit strengem, kontrollierendem Leistungsvergleich als Mittelpunkt des Lebens für die Bürger festzementiert – Leistung, Leistung, Leistung ...

Und auf diese Weise verhindert man praktisch durch die Hintertüre, dass ein tatsächlicher Zusammenhalt entsteht.

Albert Schweitzer, Menschenrechtsaktivist, Arzt und
Friedensnobelpreisträger hat seinerzeit
Folgendes dazu geäußert:

> „Der moderne Mensch wird
> in einem Tätigkeitstaumel gehalten,
> damit er nicht zum Nachdenken
> über den Sinn seines Lebens und der Welt kommt.“

Mit vielerlei subtiler Vorgehensweisen wird die Mehrheit der Bürger fortlaufend in einen Überlebenskampf verstrickt. Überbürokratisierung, ein stark beengender Gesetzesdschungel, eine auffällige Unausgewogenheit bei rechtlichen Belangen allgemein, und in zahlreichen Fällen eine viel zu niedrige Entlohnung von nichtselbstständiger Arbeit bei stetig ansteigenden Lebenshaltungskosten – um nur einige Beispiele zu nennen.

Wer mehr oder minder täglich um den Erhalt seiner persönlichen Existenz kämpft, findet kaum die nötige Energie und Muße, um sich im ausreichenden Maße mit dem Aufbau und der Pflege von verbindlichen Gemeinschaftsverhältnissen zu befassen.
Selbst diejenigen unter uns, die scheinbar ein wenig mehr Gestaltungsfreiraum zur Verfügung hätten, erliegen meist einer *Kommunikationsmonotonie*.
Wie ein klebender Schleier liegt diese auf der Bevölkerung. Unaufhörlich befeuert durch niveaulose Berichterstattung vieler Medien und einer Massenpsychose, die den Namen *Smartphone* trägt ...
Weiß man um die vielfältigen und wunderbaren Möglichkeiten, die sich mit einem regelmäßigen, aufgeschlossenen Kommunikationsverhalten eröffnen würden, muss leider

eingestanden werden, dass der überwiegende Teil der Bevölkerung seit einigen Jahrzehnten zunehmend in einer kargen *Kommunikationswüste* umherirrt.

Durch künstlich herbeigeführte Mechanismen und übermäßigen Anordnungen blockiert man unser natürliches Verlangen nach mitteilsamer Kommunikation – und dadurch leben wir in völlig unnötiger Distanz zueinander.

Martin Luther King jr.
Menschenrechtsaktivist und Friedensnobelpreisträger
sagte dazu Folgendes:

„Männer hassen sich, weil sie Angst voreinander haben.

Sie haben Angst voreinander, weil sie sich nicht kennen.

Sie kennen sich nicht, weil sie nicht kommunizieren können.

Sie können nicht kommunizieren, weil sie immer wieder voneinander getrennt werden.“

Der unentbehrliche Zusammenhalt zwischen uns Bürgern ist ohne Wenn und Aber von einer menschlichen, beständigen und freien Kommunikation abhängig.
Diese logische Erkenntnis sollten wir als eine der Wichtigsten für ein Leben in Würde einordnen.

Insgesamt müssen wir von mindestens drei starken, bedrückenden Faktoren ausgehen, die den notwendigen Aufbau einer natürlichen *Kommunikationsbasis* in der Bevölkerung immer wieder ganz massiv und einschneidend stören:

Faktor 1 – ist das willkürliche, schon erwähnte Leistungsprinzip, das bereits in den Schulen seinen Anfang nimmt und in unzähligen Arbeitsverhältnissen sozusagen manifestiert wurde.

In diesem unnatürlichen, aufgezwungenen *Leistungssystem* gilt nicht der Mensch an sich, sondern nur das, was er durch eine bestimmte Leistung hervorbringt, und das Kapital, welches damit erwirtschaftet werden kann.

Die menschliche Kommunikation spielt dabei eine untergeordnete Rolle – mehr noch – sie ist an zahlreichen Stellen überhaupt nicht gewünscht.

Zweifelsfrei wirkt sich das regelmäßige Unterbinden der zwischenmenschlichen Kommunikation insbesondere auf das Familienleben und Verhalten gegenüber anderen Mitbürgern aus, mit gravierenden Folgen.

Faktor 2 – muss in der bisherigen, allgemeinen Medienberichterstattung und den meist bürgerfernen Aussagen und Entscheidungen von Berufspolitikern gesehen werden.

Ein Großteil der Bevölkerung nimmt Fernseh-, Radio- und Zeitungsberichte als Informations- und Gedankenstütze meist nicht hinterfragend in sich auf.

Die Berichtsinhalte der altbekannten, herkömmlichen Medien sind aber keineswegs darauf ausgerichtet, eine tatsächliche Gemeinschaft in der Bevölkerung zu fördern. Im Gegenteil – sie treiben Keile zwischen die Bürger.

In Zusammenarbeit mit Berufspolitikern werden beispielsweise extra ausgespähte Bevölkerungsgruppen in ein schlechtes Bild gerückt, um Feindbilder zu erzeugen, damit die Bevölkerung nicht zusammenwachsen kann.

Wer sich nicht hundertprozentig an die bestehenden Regeln des *Systems* anpasst, wird offen kritisiert und in ein negatives Licht gestellt, oft auch mit versteckten Repressalien belästigt oder gar seiner Existenz beraubt.

Faktor 3 – ist letztlich das mitangestrebte Resultat dieses unnatürlichen Leistungsprinzips und der einseitigen Darstellung von Informationen, welche perfide gestaltet dafür sorgen, dass die Bevölkerung nicht wirklich hinter die großangelegte *Fassade* blicken kann.

Aus diesen beiden inszenierten, blockierenden Störmechanismen bildet sich mehr oder minder ganz von selbst das gemeinschaftszersetzende *Konkurrenzdenken* heraus.

Mantrahaft wird den Bürgern unterschwellig eingeredet – oft ganz direkt - dass es wichtig sei, möglichst besser zu sein als die anderen.

Mit immer neuen Begründungen und Redefloskeln führt man die Bürger regelmäßig schnurgerade in einen verstörenden *Dauerwettlauf*, den der überwiegende Teil der Gesellschaft niemals gewinnen kann.

Stattdessen lassen sich unzählige Menschen stets aufs Neue dazu manipulieren, ihre Mitbürger an vielen Stellen des täglichen Lebens als Konkurrenten zu sehen.

Im Verstricktsein der zahlreichen, meist willkürlichen Anforderungen, die von vielen Seiten an die Bürger gestellt werden, erscheint es der Mehrheit als normal, das Leben nur bestehen zu können, wenn man die anderen, die Konkurrenz, aus dem Rennen drängt.

Dieser Teufelskreis, dieser völlig absurde Vorgang, hat sich längst stark verselbstständigt – auf seine unnachgiebige Weise verhindert er den für uns alle sehr wichtigen, verbindlichen Zusammenhalt.

Doch ohne diesen unentbehrlichen Zustand, ohne diesen existenziell nötigen Zusammenhalt in der Bevölkerung, welcher mit dem beharrlichen Einfordern unserer Grundrechte einhergehen sollte, werden wir Bürger niemals den Frieden erleben, auf den die große Mehrheit eigentlich schon immer hofft.

In unser aller Interesse ist es deshalb dringend notwendig, dass wir uns viel bewusster mit der zwischenmenschlichen Kommunikation und dem Zusammenhalt untereinander beschäftigen.

Gerade in den letzten Jahren hat sich leider sehr deutlich gezeigt, dass wir einen hohen Preis dafür zahlen, weil es in der Bevölkerung bisher an einem engen, vertraulichen Miteinander mangelt.

Viele Bürger haben dies bereits erkannt und schließen sich zusammen, zum Beispiel für wichtige Demonstrationen im Sinne von Gesundheit und Freiheit.

Ich bin allen Bürgern sehr dankbar, die den Mut aufbringen, mit anderen gegen starkes Unrecht zu demonstrieren.

Allerdings muss zur Sprache kommen, dass wir erst gar nicht in diese für uns Bürger bedrohliche Lage geraten wären, hätten wir in der Bevölkerung bereits einen wirksamen Zusammenhalt.

Doch jeder neue Tag ist auch ein neuer Start – und wir alle können mit unserem eigenen Verhalten täglich aufs Neue sichtbare Zeichen setzen, um den Zusammenhalt spürbar zu fördern.

Wenn wir dabei ganz bewusst darauf achten, dass unser Denken nicht länger von äußeren, manipulativen Einflüssen gesteuert wird, werden wir in absehbarer Zeit die Früchte unseres selbstständigen Denkens erleben.

Die befremdliche Distanz in der Bevölkerung, die uns perfide aufgezwungen wurde, sollte endlich Vergangenheit sein.

Hören wir damit auf, künstlich erschaffene Hierarchien als nötig zu erachten – das sind sie ganz überwiegend nicht. Viel mehr trennen sie uns voneinander!

Praktizieren wir Menschlichkeit ohne Vorurteile, und lassen wir uns nicht weiter zu einem unnatürlichen Konkurrenzdenken verleiten.

Zusammenhalt, Menschlichkeit – sie müssen der wichtigste Maßstab für die Gestaltung einer Gesellschaft sein!

Je besser und je schneller wir diese in die tägliche Praxis umsetzen, desto früher werden wir uns in einer Welt befinden, in der es für uns alle eine bewegende Freude sein wird, auf dieser wunderbaren Erde leben zu können.

Kritik im Keim ersticken

Dass einige Menschen keinerlei Kritik zulassen, auch dann nicht, wenn diese sachlich und wahrheitsgemäß zum Ausdruck kommt, ist nicht neu.

Seit einiger Zeit fällt jedoch mehr und mehr auf, dass sich vor allem Abgeordnete einer weiteren Unart bedienen.

Sie verwenden bestimmte Schlagwörter, um Bürger, die eine kritische Meinung äußern, möglichst schnell zu diskreditieren, mundtot zu machen.

Sobald einige Bürger mit unüberhörbaren Einwänden aufwarten, die einzelne Medien veröffentlichen, wird diese Kritik – in den letzten Jahren zunehmend – prompt wie auch pauschal als *Verschwörungstheorie, Polemik, Populismus oder Rechtsextrem dargestellt.*

Die Anzahl der Bürger, welche versuchen, die wahren Ursachen für die zahlreichen Missstände in unserer Gesellschaft und in der Welt zu ergründen, hat zugenommen.

Die große Mehrheit aber hält sich bislang zurück, weil ihre Ängste vor Repressalien noch dominieren.

Mit dieser teilweise verständlichen Haltung allerdings kann es wohl kaum zu prägnanten, sozialen Verbesserungen kommen.

Nichtsdestominder finden kritische Botschaften hin und wieder einen Weg in die Öffentlichkeit. Und natürlich bleibt dies den Berufspolitikern nicht verborgen. Sodann steuern sie mit neuen Tricks dagegen, indem sie speziell ausgewählte Begriffe in ihre Rhetorik einfließen lassen.

Es gibt hierzulande keine Zensur?
Wie viel Zeit soll noch vergehen, bis das Niederhalten wichtiger Kritik nicht weiter toleriert wird?

Viele unter uns zeigen auf die kleinen
Ungeschicktheiten ihrer Mitbürger,
nicht aber auf das große Unrecht,
das seit langem besteht.

Kriegswaffen
verusachen Not und Leid!

In jedem bewaffneten Konflikt (Krieg) gibt es unzählige Opfer. Soldaten (Bürger) und Zivilbürger sterben oder werden verstümmelt, weil einzelne Personenkreise nicht fähig sind, sich auf die menschlich wichtigen Prioritäten einzulassen.

2016 sollen weltweit ca. 157 000 Menschen durch Kriege zu Tode gekommen sein. Allerdings ist mit dieser Zahl nicht ersichtlich, wie viele Soldaten und Zivilisten dabei verstümmelt wurden.

Bereits seit 2015 findet im Jemen (südlicher Nachbarstaat von Saudi Arabien) ein furchtbarer Krieg statt.

Angeführt vor allem von Saudi Arabien. Bis 2020 seien dort schon ca. 230 000 Bürger ums Leben gekommen – durch Hunger, Krankheiten und kriegerischem Kampf.

Die weltweiten Ausgaben der Regierungen für Kriegswaffen und Armeen haben sich weiter erhöht.

Insgesamt sollen es **im Jahr 2021** über 2 Billionen Dollar (ca. 2 000 Milliarden) gewesen sein. Die deutsche Regierung hat davon über 56 Milliarden Dollar (56 000 Millionen) in Waffen und Armeen gesteckt – und dies sind nur die veröffentlichten Zahlen.

Mit dieser beschämenden, gleichzeitig skrupellosen Vorgehensweise schaffen und erhalten die jeweiligen Berufspolitiker und Industrieverantwortlichen einen großen Teil ihrer beruflichen Legitimation.

Wir brauchen
einen illusionsfreien Blick

Kriegswaffen werden gebaut ...

- um töten zu können.
- Kriegsschauplätze zu schaffen.
- wenige Personen finanziell reich zu machen.
- die Weltbevölkerung in ständiger Unsicherheit zu halten.
- ein gemeinsames Aufbegehren der Bevölkerung gegen die zahlreichen Missstände möglichst zu verhindern.

Das Übel, welches dazu führt, dass stets aufs Neue Kriegswaffen produziert werden, ist zuerst dort zu suchen, wo Machtgier und egoistischer Privilegienanspruch als treibende Kraft das Denken von Berufspolitikern und Konzernchefs bestimmen.

Das Beachten deiner Würde
muss stärker sein als deine Ängste

Sei dir immer bewusst – du bist ein wertvoller Mensch, und das unabhängig von Reichtum und Karriere.

Jeder von uns hat Stärken – erkenne auch deine. Nutze sie für dich und ein menschlicheres Miteinander.

Wenn du einen Job suchst – achte darauf, dass die Tätigkeit für dich und deine Mitmenschen wirklich sinnvoll ist.

Wenn du berufliche Karriere anstrebst, so achte darauf, dass du dabei nicht die Menschlichkeit vergisst.

Sage Nein zu einseitig gestalteten Arbeitsverträgen, die nur für dich – nicht aber für das Unternehmen Pflichten zum Ausdruck bringen. Achte auf deine sozialen und gesetzlichen Rechte.

Lass dich von Vorgesetzten, Kollegen oder Mitarbeitern in Behörden nicht einschüchtern – das mindert deine Lebensqualität.

Sehe die Verzweiflung und die Armut vieler deiner Mitbürger <u>nicht</u> als selbstverschuldet an. Erkenne stattdessen die wahren Zusammenhänge und setze dich für diese Bürger ein – so gut du kannst.

Bezeichne deine Mitmenschen nicht als „faul"!
Kein Mensch ist „faul" – aber vielen fehlt freundschaftliche Motivation.

Glaube an die Kraft der schlichten Wahrheit und lasse dir nicht einreden, dass Wahrheit *relativ* sei. Letzteres will nur deinen gesunden Menschenverstand verwirren.

Sehe in Kindern immer zuerst eine Bereicherung – und vor allem, nehme sie ernst.

Erkenne und kaufe nur die Produkte, die tatsächlich sinnvoll sind – dies gilt auch für Nahrungsmittel.
Es ist nicht die Nachfrage, die das Angebot bestimmt.
Viel mehr ist es die permanente Werbung, die uns Bürger ständig zum Konsumieren verleiten will.

Die Eitelkeit ist ein Teil von jedem Menschen.
Wir müssen sie jedoch stets an die Hand nehmen, damit sie keinen Schaden anrichtet.

Lass dir deinen Tag nicht von üblichen Gesellschaftsnormen rauben.
Suche nach Zeitnischen und den richtigen Freunden, um dein Leben nach deinen eigenen, sinnvollen Vorstellungen zu gestalten.

Weitere Erkenntnisse

Wer unser Dasein auf der Erde im positiven Sinne ernst nimmt, sollte nicht allzu lange damit warten, seine persönlichen Stärken für Gerechtigkeit und die Würde seiner Mitmenschen einzusetzen.

Wenn die Menschen den natürlichen Reichtum dieser Welt nicht menschlich sinnvoll teilen, müssen sie sich danach nicht wundern, dass die Welt in Scherben liegt.

Während unseres Lebens ist es wichtig, auf der richtigen Seite zu sein – und die findest du dort, wo Menschlichkeit an erster Stelle steht.

Das permanente Streben nach Privilegien, Prestige, Macht und Gewinnen ist letztlich nur eine Ersatzbefriedigung für den fehlenden Mut, Menschlichkeit in die tägliche Praxis umzusetzen.

Sobald man politisches Denken und Handeln ausschließlich auf der wichtigen Basis von Wahrheit und Vertrauen praktiziert, wird leicht erkennbar, dass Politik auf allen Ebenen nicht kompliziert sein muss.

Man hat uns bereits in der Kindheit eine unnatürliche Haut übergestülpt – wir müssen sie nach und nach abstreifen.

Es gibt nichts wichtigeres als die Wahrheit und die Authentizität des Bewusstseins auf der Basis unserer Grundbedürfnisse – denn damit hängt alles zusammen.
Dadurch entscheidet sich, wie wir und unsere Mitbürger das tägliche Dasein sowie die Zukunft gestalten.

Wir Menschen sind von Geburt an freundliche Wesen – wir müssen uns nicht erst dazu zwingen.
Wir sollten uns nur zutrauen, menschlich authentisch zu sein, dann ergibt sich Vieles von allein.

Ein gespaltenes Volk ist ein manipulierbares Volk.
Ein manipuliertes Volk denkt nicht wirklich selbstständig.
Ein Volk, das nicht selbstständig denkt, kann in jede beliebige Richtung gedrängt werden.

Konkurrenzdenken gegenüber seinen Mitmenschen ist nichts weiter als ein übergestülptes Gedankenmuster, das zu widersinnigem, unnatürlichem Verhalten führen soll.

Deine Unzufriedenheit wird durch Verrat an deinen Mitbürgern nicht beseitigt, eher geschieht das Gegenteil.

Wer das Aufteilen der Gesellschaft in eine Unter-, Mittel- und Oberschicht akzeptiert, oder sich sogar dafür ausspricht, hat das Menschsein noch nicht verstanden.

Kein Mensch ist häßlich.
Es gibt jedoch Gedanken, die häßlich sind.

Epilog

Liebe Mitbürgerin, lieber Mitbürger,

du wirst in diese Welt hineingeboren – unbedacht und zunächst darauf angewiesen, dass man dir Schritt für Schritt das Leben in einer Gesellschaft erklärt.

Stelle dir für einige Momente Folgendes vor:
Bereits als Kind wächst du inmitten von Wäldern und Wiesen auf, deren Farbe nicht grün, sondern lila ist.
Auch für deine Mitmenschen scheint es völlig normal zu sein, dass die Bäume und Blätter mit einer lila Farbe heranwachsen.
Du wirst diese lila Farbe nicht in Frage stellen, weil du es nicht anders kennst.
Und warum solltest du zweifeln – die anderen um dich herum tun es auch nicht.

Mit dem bestehenden Gesellschafts- und Geldsystem ist es das Gleiche.
Es kommt dir kaum in den Sinn, die Grundsätzlichkeiten dieser etablierten, bürgerbenachteiligenden Mechanismen ernsthaft in Frage zu stellen.
Doch genau das solltest du.

Wir leben in einer sehr unnatürlich gestalteten Welt.
Die widersprüchlichen Strukturen wurden willkürlich zum
Nachteil der Bevölkerung geschaffen.
Deshalb ist es längst überfällig – dein Engagement für deut-
lich mehr Menschlichkeit.

Beschäftige dich nicht zu sehr damit, ob der Nachbar oder
dein Arbeitskollege finanziell vielleicht ein wenig reicher
sein könnte oder, ob sie deine Meinung über den Bau einer
neuen Straßenbeleuchtung teilen. Viel mehr muss es uns
allen darum gehen, was in dieser Welt tatsächlich vor sich
geht.

Wir dürfen unser besonderes, natürliches Potential nicht
unbeachtet lassen!
Die Wahrheit ist, dass wir sehr wohl in der Lage sind, eine
gerechte, friedliche und harmonische Gesellschaft zu gestalten.
Wiederholende Aussagen, die uns Bürgern unsere positiven Fähigkeiten absprechen wollen, müssen wir beharrlich
zurückweisen!

Lasse es nicht weiter zu, dass Ängste deinen Lebensweg bestimmen. Differenziere die Ängste und überlege ganz genau, welche tieferen Ursachen jeweils dahinter stecken.

Setze im Sinne des Miteinanders
und der Gerechtigkeit klare Prioritäten.

Danke

Auch ich hatte es in meinem bisherigen Leben nicht immer leicht. Umso mehr ist es mir wichtig, mich für all jenes zu bedanken, das mir wohlgesonnen war.

Ohne meine Mitbürger wäre ich nichts weiter als ein verlorener Mensch, der als Individuum alleine dastünde.
Deshalb sage ich DANKE an alle, denen ich hier und dort begegnete und die sich mir in Gesprächen anvertrauten.
Ihnen verdanke ich einen Teil meines heutigen Wissens.

Ganz besonders bedanke ich mich bei meiner lieben Freundin **Christine Werth.** Sie unterstützt mich inzwischen seit über 10 Jahren – auch in der Weise, indem sie meine Schriften vor dem Druck lektorierend durchliest. Gleichzeitig ist sie die Schriftführerin unseres Vereins.
Und gerne bedanke ich mich bei **Anna Werth,** die mir seit einigen Jahren ebenfalls immer wieder zur Seite steht.

Ein wenig über mich

Nicht ein Tag vergeht, an dem es mich innerlich nicht bewegt, was auf dieser Erde seit langer Zeit geschieht.
Am 4. Dezember 1962 wurde ich in Schweinfurt/Nordbayern geboren. Ich stamme aus einer Familie mit drei Kindern.

Im Laufe der Jahre entwickelte sich in mir das stetige Anliegen, unrechte, bürgerbenachteiligende Entscheidungen und Verhaltensweisen nicht einfach stehen zu lassen.
Immer will ich bewusst hinterfragen, im Sinne der Menschlichkeit entsprechend reagieren und darüber schreiben.

2001 setzte ich mich das erste Mal ganz bewusst an den Schreibtisch, um mit dem Verfassen meines ersten Manuskriptes zu beginnen. Durch das Schreiben gelang es mir, meine umfangreichen Beobachtungen, Gedanken und Erfahrungen besser zu bündeln und zu analysieren.
Und dies wiederum führte dazu, dass ich 2008 unseren Verein ...mensch bleib Mensch! gründete, der für deutlich mehr Menschlichkeit steht.

Meinen heutigen Wissensstand verdanke ich meinen autodidaktischen Fähigkeiten, meiner stetigen Neugierde und dem immer präsenten Bedürfnis nach authentischer Menschlichkeit in allen Lebensbereichen.
Sehr hilfreich waren und sind die unzähligen Gespräche mit Bürgern an verschiedenen Orten.

Wenn du mir zu den Inhalten meiner Bücher etwas schreiben möchtest, kannst du dies bitte unter folgenden Adressen tun:

mail@michael-johanni.de
info@mensch-bleib-mensch.de

Weitere Informationen findest du unter:
www.michael-johanni.de
www.mensch-bleib-mensch.de
www.buecher-charakter.de

Michael Johanni
Menschenrechtsaktivist, Autor
und Gründer des Vereins
...mensch bleib Mensch!

Wir brauchen Freundschaften

Freundschaften gewinnen wir nicht, indem wir unser Gegenüber immer wieder prüfen.

Wir gewinnen sie, weil wir wissen, dass es ein ausgewogenes Geben und Nehmen wie auch Vertrauen und Nachsicht braucht, damit es zu guten Freundschaften kommen kann.

Quellennachweis

Seite 78/79 Die Gehälter der DAX-Chefs:
Handelsblatt 04.07.2018
https://www.handelsblatt.com/unternehmen/management/
vorstandsbezahlung-die-gehaelter-der-dax-chefs-entfernen-sich-
immer-weiter-von-denen-der-belegschaft/22766348.html
Frankfurter Allgemeine 15.03.2018, Manager Gehalt
https://www.faz.net/aktuell/wirtschaft/unternehmen/manager-
gehalt-verdienst-der-dax-chefs-deutlich-gestiegen-15495984.html

Seite 97/98 zu Contergan:
www.welt.de/gesundheit/article13727581/das-harmlose-schlafmittel
welt 21.11.2011

Seite 98/99 zu Asbest:
https://www.krebsinformationsdienst.de/aktuelles/2015/news11a-
asbest.php
https://de.wikipedia.org/wiki/Asbest
https://cordis.europa.eu/article/id/13445-commission-extends-ban-
on-asbestos-products-in-eu/de

Seite 100 Menschen ohne Krankenversicherung in Deutschland 2019:
https://www.destatis.de/DE/Presse/Pressemitteilungen/2020/09/
PD20_365_23.html

Seite 122 Milliardenvermögen Einzelner in Deutschland:
https://www.isw-muenchen.de/2018/03/45-superreiche-besitzen-so-
viel-wie-die-aermere-haelfte-der-deutschen/

Seite 182 Ca. 1,7 Milliarden Überstunden in Deutschland
2021 – davon fast 900 Millionen nicht bezahlt …
https://de.statista.com/statistik/daten/studie/76945/umfrage/
ueberstunden-der-arbeitnehmer-in-deutschland-seit-2000/

Seite 206 Ca. 157 000 Menschen starben 2016 in Kriegen:
https://www.jungewelt.de/loginFailed.php?ref=/artikel/310381.157-000-
kriegsopfer-im-jahr-2016.html

Seite 206 Krieg in Jemen seit 2015:
https://www.evangelisch.de/inhalte/179221/02-12-2020/un-mehr-als-
230000-tote-im-jemen-krieg

Seite 206 2021 – über 2 Billionen Dollar für Rüstung- bzw.
Militärausgaben, davon über 56 Milliarden in Deutschland
https://de.statista.com/statistik/daten/studie/157935/umfrage/
laender-mit-den-hoechsten-militaerausgaben/

Meine weiteren Werke

Lila Bäume
Wenn wir genauer hinsehen ...

152 Seiten, Buchformat: 12 x 19 cm
Erschienen: 2021, Verlag: BoD GmbH
ISBN: 978-3-7557-4150-3
12,90 Euro / e-book 3,99 Euro

Raus aus der Apathie
Welcher Wert liegt im Leiden?

276 Seiten, Buchformat: DIN A5
Erschienen: 2021, Verlag: BoD GmbH
ISBN: 978-3-7543-9739-8
14,90 Euro / e-book 4,99 Euro

... damit das Morgen eine Aussicht hat
sei neugierig und hinterfrage

60 Seiten, Buchformat: 12 x 19 cm
Erschienen: 2021, Verlag: BoD GmbH
ISBN: 978-3-7557-7986-5
8,90 Euro / e-book 2,99 Euro

... verschüttet, aber nicht verloren
Du hast mindestens 12 Grundbedürfnisse

80 Seiten, Buchformat: 17 x 17 cm, bebildert
Erschienen: 2021, Verlag: BoD GmbH
ISBN: 978-3-7557-1509-2
12,90 Euro / e-book 3,99 Euro

Das kleine Grundbedürfnisbuch
Ein begehbarer Weg

40 Seiten, Buchformat: 12 x 19 cm, Kurztexte
Erschienen: 2022, Verlag: BoD GmbH
ISBN: 978-3-7543-7910-3
5,90 Euro / e-book 1,99 Euro

Entfalte dich
Für dich - Kurztexte

60 Seiten, Buchformat: 12 x 19 cm, bebildert
Erschienen: 2021, Verlag: BoD GmbH
ISBN: 978-3-7557-4238-8
8,90 Euro / e-book 2,99 Euro

Lass es großartig sein
Für dich - Kurztexte

60 Seiten, Buchformat: 12 x 19 cm, bebildert
Erschienen: 2021, Verlag: BoD GmbH
ISBN: 978-3-7543-3237-5
8,90 Euro / e-book 2,99 Euro

Eine Herde verletzter Tiere
Es braucht Gegenwind

60 Seiten, Buchformat: 12 x 19 cm, Kurztexte
Erschienen: 2021, Verlag: BoD GmbH
ISBN: 978-3-7543-2936-8
8,90 Euro / e-book 2,99 Euro

Bewege die Welt - Move the world
Aphorismen - Aphorisms

76 Seiten, Buchformat: 17 x 17 cm, Kurztexte,
zweisprachig, bebildert
Erschienen: 2020, Verlag: BoD GmbH
ISBN: 978-3-7519-2295-1 (eine Neufassung ist geplant)
12,90 Euro / e-book 3,99 Euro

Freiheit

Freiheit erwächst aus Gerechtigkeit.

Gerechtigkeit entsteht auf der Basis
von Wahrheit.

Wahrheit findest du, wo Menschlichkeit
an erster Stelle steht, und dort offenbart
sich Freiheit.

Bild von Pixabay GmbH